기독교인은 왜 악을 선택하는가

KB192134

기독교인은 왜 악을 선택하는가

2023년 7월 20일 초판 1쇄 펴냄

**지은이** 김선주
**다듬은이** 나루
**펴낸이** 신길순
**펴낸곳** 도서출판 **삼인**

**등록** 1996.9.16 제25100-2012-000046호
**주소** (03716) 서울시 서대문구 성산로 312 북산빌딩 1층

**전화** (02) 322-1845
**팩스** (02) 322-1846
**전자우편** saminbooks@naver.com

**디자인** 디자인 지폴리
**인쇄** 수이북스
**제책** 은정제책
ISBN 978-89-6436-243-3  03230

값 16,000원

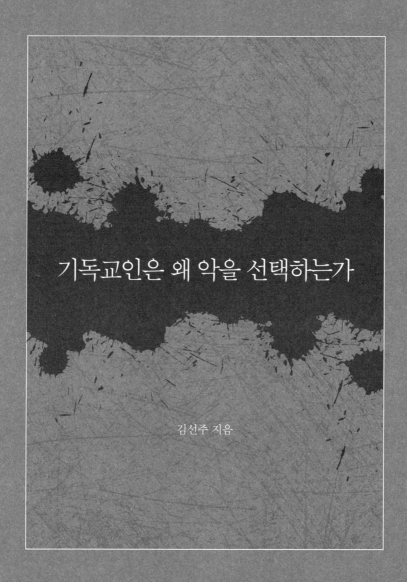

기독교인은 왜 악을 선택하는가

김선주 지음

삼인

교회가 많은 곳에 왜 차별과 불평등이 많은가. 기독교인이 많은 곳에 왜 갈등과 분쟁이 많은가. 종교로서의 기독교에 문제가 있는 것인가, 아니면 기독교인들에게 문제가 있는 것인가. 이런 질문들로 이 책은 시작됩니다.

검사와 판사가 법률에 의거해 기소와 판결을 하듯, 언론이 사실에 기초하여 진실을 좇아 기사를 쓰듯, 나는 한 사람의 그리스도인으로서 성경을 통해 시대와 인간의 문제를 봅니다. 그리고 질문합니다. 질문은 사유의 출발이며 기착奇着입니다.

사유하지 않는 게 믿음의 좋은 징표는 아닙니다. 사유하지 않는 믿음은 죄악입니다. 자신이 악을 선택하면서도 그것이 악이라는 사실을 알지 못하기 때문입니다. 사유하지 않는 교리적 믿음은 누군가를 혐오하고 증오하면서도 그것이 정당하다는 편견을 갖게 합니다. 교리적 가르침을 넘어 본질을 향해 궁극의 질문을 던지지 못할 때, 사특한 믿음에 빠지게 됩니다.

초월적 세계를 갈망하며 영혼의 안식을 누리는 것으로만 신앙의 방향이 설정되어서는 안 되는 이유가 이것입니다. 신앙은 생물학적 인간이 태어나고 죽고, 사랑하고 미워하며, 기뻐하고 슬퍼하는, 세속적 현실 위에서 최고의 선을 찾아가는 과정이기도 합니다. 그 과정에서 선과 악은 선택의 결과로 나타날 때가 있습니다. 선은 우리가 직접적인 행위를 통해 만들어 나가기도 하지만 소극적인 선택을 통해 만들어지기도 합니다. 특히 매우 복잡하게 구조화된 현대사회에서는 선택의 결과에 따라 선악이 만들어지는 경우가 많습니다. 선거에서 무능하고 부도덕한 후보자를 선택했을 때 나의 선택으로 특정 계층이 이권의 카르텔을 통해 더 많은 권력과 부를 갖게 되고 이로 인해 무질서가 가중되며 사회적 약자들이 고통 받게 됩니다. 그것이 선택적 악입니다. 또 부도덕한 기업의 상품을 구매함으로써 그 기업의 불의와 폭력에 동조하고 그것을 정당화시키게 됩니다. 그 또한 선택적 악입니다.

그런데 이 땅의 교회들은 영혼 구원과 초월적 세계를 향한 열망만이 기독교의 전부이며 근본 가르침이라고 봅니다. 그 때문에 사회적 문제에 대해 무관심하거나 담론을 거부합니다. 그것이 순수한 신앙이라고 주장합니다. 신앙과 정치는 무관하며, 또 무관해야 한다고 생각합니다. 정치와 무관할수록 신앙이 순수하다고 믿습니다. 하지만 신앙의 순수성을 주장하는 기독교인일수록 보수 정치 세력의 논리를 잘 따릅니다. 신앙이 정치와 무관하다고 주장하는 사람일수록 사실은 매우 정치적입니다. 생각 없이 선택한 정치 논리가 예수 그리스도의 복음과 반대된다는 사실에 대해 의심하지 않습니다. 그러므로 자신의 선택이 악을 낳는지도 모르면서 지속적으로 악을 선택하는 것입니다.

'기독교인은 왜 악을 선택하는가'는 오늘 기독교인이 스스로에게 던져야 할 가장 급박한 질문입니다. 이 책은 그 질문으로 고통받는 한 그리스도인이 던지는 화두입니다.

2023년 7월
김선주

　이 책의 저자인 김선주 목사를 만난 적이 없다. 하지만 페이스북을 통해 그의 글을 읽고 수없이 공감했기에 어떤 이보다 내 마음 가까이 머물고 있다. 몇 번 대면 기회가 있었으나 성사되지 못해 아쉬움이 많던 차에 이렇게 책을 대하니 반가움이 더욱 크다. 그간 열심히 읽었다 생각했지만 놓친 글도 상당수 있어 꼼꼼하게 다시 읽으며 저자의 생각을 따라갔다.

　김선주 목사의 글은 결코 가볍게 읽히지 않는다. 사유하는 신앙의 길을 제시했고 무심코 지나쳤던 우리네 아픈 현실을 끄집어내기 때문이다. 제목부터가 무겁다. 『기독교인은 왜 악을 선택하는가』. 저자는 하느님께 책임을 돌리는 대신 목하 기독교인들의 무지, 탐욕, 폭력, 간음 그리고 위선 등을 적시했다. 이 모든 악행이 신의 이름으로 자행되는 현실에 거룩한 분노를 표한 것이다. 글로써 교회 현실을 조금씩 달리 만들고 싶었던 것이리라.

　김선주 목사는 나이 마흔을 넘긴 늦은 나이에 신학 공부를 시작했다. 어릴 적 어머니의 서원 기도가 멍에(?)가 되어 신학의 길에 들어섰지만 정치 현실에 둔감하고 무지한 교회, 기복적 신앙 현실에 염증을 느껴 몸담았던 교단에서 자신을 스스로 해방시켰다. 신학적 사유가 단절되고 신앙 양심을 불편하게 하는 현실을 뼈저리게 느낀 탓이다. 저자의 책 속에서 다룬 뭇 주제, 예언자적 외침은 기성 교회가 수용하기 어려울 수 있다.

교회가 자폐적 공간에 빠져 자신을 객관화하지 못하기 때문이다.

그는 울타리를 떠난 고독한 어린 양이 되었고 세상에서 교회를, 밖에서 안을 보며 글로써 교회를 흔들어 깨우고자 했다. 가톨릭 교종이 말한 한 문장이 있다.

"교회의 복음화 없이 세상의 복음화 없다."

현실 교회가 복음에서 멀어졌음을 경고한 가톨릭 수장의 고백이다.

저자는 3년에 걸친 예수의 광야 생활을 유대문화로부터 자신을 객관화시킨 과정이었다고 생각했다. 하여 본인을 개척교회라는 광야로 내몰았고 스스로 고통을 겪으며 책을 세상에 내놓았다. 목사도 견딜 수 없을 만큼 고통스러울 때가 있음을 솔직하게 고백하면서 말이다. 그가 얼마나 사유하는 정직한 목사인가, 그의 고백을 통해 알 수 있다. 그는 "어머니의 기도 때문에 내 심장이 한나 아렌트의 사유에 가 닿을 수 있었다"고 말한다.

이 시대에 한나 아렌트의 사유와 벗한 목사가 있다는 것은 축복이다. 어거스틴의 '사랑'을 주제로 글을 쓰기 시작했던 그의 사상적 렌즈를 통해 교회와 종교를 살피고 정치를 보면 세상이 전혀 달리 보일 수밖에 없다. 기독교의 교리도 당연히 달리 해석되었을 것이다. 그는 악의 평범성을 강조했고 거짓과 가짜를 증오한 철학자였다. 주지하듯 기독교는 악행을 원죄 사상에 잇대어 자주 설명했고, 대속교리로 구원과 용서를 선포했다.

악(죄)과 구속이 거듭된 탓에 악도 구원도 현실감을 잃은 것이 오늘의 실상이다. 이는 악의 선택을 원죄 탓으로 돌렸고 영혼 구원 또한 쉽게 보장받은 결과였다. 칭의(구원)론이 중세의 면죄부 역할로 변질한 만큼 악의 심각성 또한 실종시킨 것이다. 성서를 문자로 읽었고 믿고 싶은 대로 믿었으며 자기 부정 없이 타자 부정에 익숙해진 오늘날 기독교의 자화상이다.

밖에서 회자되는 이 땅 기독교의 키워드는 주술(무당)화, 맹신, 물신 숭배자, 거짓 뉴스 생산지 등으로 축약된다. 그럴수록 저자는 대속 교리의 맹점을 지적하고 은총과 상상력에 감사해하며 영혼 구원 대신 현실 정치의 중요성을 역설한다. 정치와 종교를 나누고 희생양을 만들며 이성 활동을 제약, 부정하는 기독교는 결코 건강할 수 없다는 것이 저자의 확고한 지론이다.

이 책은 다양한 주제들을 전폭적으로 다루고 있다. 정치참여를 강조하고 해석을 독점하는 교회를 질타하며 자본주의 노예근성에 함몰된 교회를 꾸짖는다. 물신주의에 빠져 상상력을 고갈·타락 시킨 교회, 기득권 편에 선 기독교, 아편 같은 종교 중독, 시민사회와 불화하는 자폐적 교회, 뭇 이념과 종교, 그리고 성 지향성을 부정하며 희생양을 만드는 기독교, 십자가를 불편하게 여기며 다산과 풍요를 좇는 우상숭배의 기독교 현실, 복음 대신 프레임에 갇힌 교회 등을 주제로 한 신학적 성찰이 깃든 주옥 같은 글들이 이 책 속에 가득하다.

함부로 읽을 글이 한 편도 없을 만큼 주제가 무겁지만 동시에 묵직한 은총도 선사하니 읽는 기쁨과 통쾌함이 크다. 토착화 신학자로서 필자는 김선주 목사의 글 한 편에 특히 감동했다. 「천국은 누가 훔쳐먹었나」 편에서 영화 〈미나리〉를 분석한 저자의 독특한 관점이 돋보인다. 저자는 〈미나리〉를 부모 세대의 미국식 복음주의와 한국식 토착 신앙의 양면성 차원에서 대별하여 설명한다. 이 글은 서구 기독교에서 '답'을 찾고자 했던 이 땅 기독교인들의 시각을 교정시켜준다. 그리고 민족정신을 굴욕적으로 훼손한 윤석열 정부에 대한 신학적 비판도 누차 언급된다. 저자가 청교도식의 기독교인보다 인디언의 사유를 좋아하는 것도 같은 맥락에서 이해할 수 있다.

이 책 속에 묶인 글들은 때론 설교가 되기도 했을 것이다. 이런 글들이 소통되는 교회 공동체가 존재한다는 사실에 경의를 표한다. 물론 목사에게뿐 아니라 교우들 모두에게 말이다. 믿음을 앞세워 사유를 방해하고 물음을 실종시켜 '아멘'만 강조하며, 사랑의 공동체인 교회가 폭력의 온상이 된 기막힌 현실에서 책 속 글들은 단순히 '설교'를 넘어 '예언'이라 말할 수 있다. 지금, 여기에 꼭 필요한 말씀이기 때문이다. 이런 예언을 이렇듯 책으로 만나 읽을 수 있는 것은 은총이다.

저자 김선주 목사의 노고에 감사하며 생각을 함께하는 친구들이 더 많아지길 기대한다. 목하 기독교는 저자의 말처럼 잘못된 목표를 향하고 있으며 거짓 티켓을 팔아 버티고 있다. 그 방향키를 옳게 되돌려야 할 화급한 시점에서 이 책은 그 역할을 충분히 할 것이다. 이 책을 읽고 이곳저곳에서 독서 모임이 불같이 일어나길 소망한다.

2023년 7월
부암동 현장아카데미에서 이정배 교수

차례

## | 거짓말은 힘이 세다

## | 꿈꾸는 자가 오는도다

그들은 왜 망하지 않는가

# 기독교인은 왜
# 악을 선택하는가

모든 종교에는 자신들만의 고유한 선악 관념이 있습니다. 악에 저항하고 선을 선택하여 살기 위해 노력하는 것이 모든 종교의 공통적인 지향점입니다. 이런 이유에서 일반적으로 종교인은 선한 사람이라고 생각합니다. 그런데 이들의 인식의 단면을 들여다보면 선함이 개인적인 차원에 머물러 있습니다. 곧, 착하고 겸손한 사람, 남을 잘 도와주는 사람, 배려심이 많은 사람 등과 같은 개인적 자질 차원의 선함에 그칩니다.

선에 대한 이러한 인식은 악을 키우는 바탕이 되기도 합니다. 구제와 선교를 열심히 하는 한 기독교인이 있다고 가정해봅시다. 그가 타인에게 베푸는 구제는 선한 것이지만 그가 부를 축적하는 과정이 선하지 않다면 그의 구제와 선교는 악입니다. 부의 축적 과정에서 기만과 착취가 이루어지고 그러한 부의 취득 과정을 정당화하는 구조라면, 그 구조를 통해 축적한 부와 그의 구제행위도 결국 악이 될 수밖에 없습니다. 가난한 사람의 것을 빼앗아 가난한 사람을 도와주는 것은 인간이 가진 악 중에서 가장 나쁜 악입니다. 이런 악을 구조 악이라 합니다.

종교인 대부분은 이 구조 악을 보지 못합니다. 자신의 이익이 어떠한 구조에서 발생하는지 생각하지 않기 때문입니다. 일반 사회의 선악 관념은 개인의 자질이나 행위보다 공동체적 차원에서 그 가치를 평가합니다. 법과 제도, 윤리와 도덕을 위반하지 않을 때 기본적으로 시민의 자격과 권리를 갖는 것입니다. 그런데 기독교는 개인의 종교적 자질에만 초점을 맞춥니다. 그가 시민사회 일원으로서 어떠한 삶을 살고 있는가보다 열심히 기도하고 성경 읽고 성실하게 예배에 참석하고 구제와 선교를 하는 등의 종교적 열심을 기준으로 평가하는 경향이 있습니다.

이러한 기준에 의해 평가받은 사람들은 선거철이 되면 누가 선한 사람이고 올바른 정치를 할 수 있는가 보지 못합니다. 사적 이해관계에서는 온갖 지혜를 다 동원하여 자기 이익을 추구하는 기독교인들이 공적 차원에서는 무지한 것입니다. 이 무지가 집단화된 게 작금의 한국 개신교입니다. 그 영향으로 착한 개신교인들은 조작된 정보나 가짜뉴스라도 하나님의 이름만 살짝 끼워 넣으면 순교적 사명을 가지고 카톡으로 퍼 나릅니다. 착한 기독교인들이 퍼 나른 조작된 정보나 가짜뉴스로 나쁜 정치인이 권력을 잡게 되면 그 피해는 모두에게 돌아갑니다.

성경의 맨 마지막 책 요한계시록은 우주적 심판에 관한 얘기가 아니라 로마 황제의 폭압 정치에 저항하여 "죽도록 (하나님께) 충성하라

(Be faithful, even to the point death)"는 메시지입니다. 이는 신앙의 메시지이면서 동시에 정치적 메시지입니다. 세속적 폭압 정치에 굴복하여 양심을 저버리고 부정한 방법으로 살아남기보다 하나님의 백성으로 끝까지 견디며 경건한 삶을 유지하라는 명령입니다. '충성하라 (Be faithful)'는 사실 '경건하라'는 의미입니다. 진정한 왕은 로마 황제가 아니니 두려워 말라는 것입니다. 폭압 정치를 일삼는 로마의 왕권을 부정하는 말이니 이보다 더 정치적인 메시지가 어디 있습니까.

신구약 66권 중 가장 정치적인 부분이 요한계시록입니다. 요한계시록의 수신자인 소아시아 일곱 교회 교인들은 요한이 사용한 비유와 상징의 그림 언어들을 충분히 이해했습니다. 그들은 계시록의 정치적 메타포에 대해 충분히 이해하고 공감하고 있었습니다. 요한이 보낸 서신의 정치 사회적 맥락을 이해하고, 그리스도인으로서의 올바른 삶을 정치 사회적 맥락에서 이해하면서 그대로 살기 위해 노력했던 것입니다. 곧, 올바른 신앙은 그리스도인이 자신이 살아가는 당대의 정치 사회적 맥락을 이해하고 부조리를 꿰뚫어 보는 정신적(영적) 지혜를 갖는 것입니다. 그 분별력으로 구조 악을 꿰뚫어 보고 올바른 판단과 선택을 하도록 요청하는 것이 성경입니다. 그리스도인의 선함이란 구조적인 악 가운데 처한 그리스도인이 올바른 판단과 선택으로 그 구조 악에 저항하는 것입니다.

그런데 어느 순간부터 정치 사회적 맥락에서 이해되던 그리스도인으로서의 선함이 개인의 영역으로 축소되고 말았습니다. 인간과 세계를 바라보던 거시적 시선이 개인의 평안과 영달을 위한 시선으로 축소됐습니다. 기독교인이 구조 악을 보지 못하게 된 이유입니다. 세계와 인간, 존재와 의미, 구원 등에 대한 이해가 인간 사회의 구조를 함께 보지 못할 때 초월적 감성만 남게 됩니다. 종교에 초월적 감성만 남게 되면 무속적인 행태를 보이는 사람들이 등장하여 사람들을 속이기 쉬운 집단이 됩니다. 기독교인들은 이렇게 해서 무지와 폭력의 동조자가 됩니다. 자기도 모르게 거짓과 폭력에 동조하는 위선적 집단의 일원이 되는 것입니다.

우리나라 근현대사에 기독교인이 선택한 대통령 중 이승만, 김영삼, 이명박, 윤석열은 한국 개신교회가 선택한 인물입니다. 그들을 기독교인이라는 이름만으로 지지하고 선택했습니다. 하지만 그들은 기독교적 가치를 실현하기보다 그 반대의 길을 갔습니다. 권력자로서 학살 만행, 불법과 탈법, 사기와 국고 약탈, 검찰 독재 등으로 이어지는, 화려한 악을 꽃피웠습니다. 기독교인들이 피워낸 악의 꽃입니다.

악을 악으로 보지 못하고 그에 동조하면 그 또한 악입니다. 민주주의 국가에서 정치적 악은 선거를 통해 바꿀 수 있지만, 종교적 악은 개선될 개연성이 없습니다.

# 지옥에서
# 욥을 만나다

사춘기가 막 시작될 즈음 하나님이 사탄과 밀거래한다는 얘기를 구약 성경 욥기에서 처음 읽었습니다. 그때 나는 기독교인이 되지 않기로 거의 작정했습니다. 젖먹이 때 유아세례를 받고 어머니 품에 안겨 교회를 다니며 착하고 성실한 주일학교 학생으로 성장해왔던 내가, 그렇게 생각할 수밖에 없었던 이유가 욥기 1장에 있었습니다. 거기에 나오는 하나님은 야비하고 뻔뻔한 하나님이었습니다. 내가 주일학교에서 배운, 그런 하나님이 아니었습니다. 체스 게임을 하듯, 자신의 대적자인 사탄과 자신을 가장 신뢰하는 한 인간의 운명을 두고 게임이나 하는 고약한 노인네에 불과했습니다. 이런 하나님의 모습을 목사님도 주일학교 선생님도 말해주지 않았습니다. 운명에 순복하여 고난을 견디고 축복받은 착한 사람의 이미지만 편집해서 보여주었던 것입니다. 타인이 말해주는 성경이 아닌, 나 스스로 성경을 읽기 시작했을 때 그 고약한 부분을 만나버렸습니다. 그런데 아무도 나의 의문에 답해주지 않았습니다.

넷플릭스 드라마 〈지옥〉은 그런 인간의 질문을 담고 있습니다. 왜 신은 죄 없는 인간을 벌하는가, 왜 죄를 짓지 않는 인간을 고통에 빠트리는가 등과 같은 신학적 질문을 던집니다. 그렇습니다, 〈지옥〉은 신학적인 질문을 던지는 드라마입니다. 신학은 인간의 삶으로부터 시작해 신으로 향하는 길로 가는 학문입니다. 그 길에 역사와 정치 경제가 있고 철학이 있습니다. 인간이 자기 존재와 상황에 대해 질문할 때 시작되는 게 종교이고 그 종교적 과정이 신앙입니다.

세계는 부조리가 끊임없이 밀물처럼 밀려오는 곳입니다. 인간은 그 부조리의 파도에 휩쓸려 부서지고 깨어지며 고통을 당합니다. 그것이 이 세계이고 인간입니다. 그래서 카뮈나 사르트르 같은 실존주의 철학자들은 의도되지 않은 인간의 현존재를 피투성(던져짐)으로 설명했고, 그것 때문에 겪어야 하는 수많은 부조리에 저항하는 것이 인간의 숙명이며 의무라고 주장했습니다. 하지만 인류는 실존주의보다 훨씬 앞서 이 문제를 직면했습니다. 그 질문이 바로 종교입니다. 종교는 답변이 아니라 질문입니다. 종교는 질문하는 방법의 한 유형입니다. 그런데 종교가 질문이 아니라 답변하는 자리에 서기 시작하면서부터 종교는 하나의 이데올로기가 되었고 헤게모니가 되었습니다.

드라마 〈지옥〉에 "몇 날 며칠 몇 시에 너는 죽게 되고 지옥에 간다"는 천사의 공지가 나오고 그 공지대로 저승사자가 나와 공지된 사람을 참혹하게 살해하여 육체를 불태우는 '시연'을 행합니다. 이 현상에 대해 답변하는, '새진리회'라는 신흥종교집단이 등장합니다. 그들은 그 현상에 대한 사실적 이해가 아니라 해석적인 방법으로 설명하여 이해를 구합니다. 종교의 해석은 비현실적이고 초월적이며 미스터리합니다. 합리적 사고를 거부합니다. 그런 탓에 현대종교로 올수록 합리적인 답변을 찾기 위해 세계와 인간의 문제를 자연과학의 언어를 사용하는 우를 범하기도 합니다. 기독교 내의 창조과학회 같은 것들이 그런 류입니다. '새진리회'도 인과적인 논리로 그 현상을 설명하는 데 초점을 맞춥니다. 그러다 인과법칙으로 설명할 수 없는 문제가 나타나면 그것을 은폐하려 합니다. 태어난 지 며칠 안 되는 아기가 죄인으로 지목되어 죽게 된 일도 있었습니다. 그것은 인과의 논리로 설명 불가능한 일이었습니다.

종교가 타락하고 부패할 때는 해석을 독점하려 할 때입니다. 세상에 일어나는 모든 현상을 자신들의 종교적 신념과 사유로만 해석해야 한다는 독선에 빠질 때 종교는 권력화되고 폭력을 행사합니다. 권력화된 종교는 자신들만이 하나님(신)을 독점적으로 소유하고 있다는 망상을 갖게 됩니다. 이런 집단은 진리가 아니라 자신의 교리를 수호하기 위해 말과 태도를 변개하고 진실을 왜곡합니다. 사건을 은폐하고 조작하며 살인과 방화와 같은 테러를 가하기도 합니다.

욥의 이야기는 그러한 해석의 독점을 거부합니다. 이해할 수 없는 한 인간의 고통 앞에 세 친구가 우정을 내세워 욥이 고난받는 이유를 설명하려 듭니다. 그들의 해석은 인과론적입니다. 고난은 죄의 결과로 주어지는 하나님의 형벌이라는 것이 욥의 친구들이 가진 세계관입니다. 욥은 자신의 의로움을 내세워 친구들의 논리를 반박합니다.

그런데 욥기의 마지막에 심판자로 등장한 하나님은 세 친구의 논리를 꾸짖습니다. 스스로 의롭다고 내세웠던 욥도 꾸짖습니다. 인간이 가진 상식과 철학, 정의, 신념 들이 한꺼번에 다 무너져 버립니다. 오직 하나님의 섭리만이 확연하게 나타납니다. 하나님이, 인간이 규정할 수 있거나 해석할 수 있는 영역에 있지 않음을, 확인시켜 준 것입니다. 이 대목에서야 비로소 사탄과 게임을 시작한 하나님의 절대성이 확인됩니다. 절대성은 모든 경계를 넘어 초월적으로 존재하며 역사하는 하나님의 힘입니다.

이런 하나님을 누군가 독점적으로 소유하게 될 때 그의 해석에 반하는 개인이나 집단은 이단으로 정죄되고 추방되거나 처벌받습니다. 그래서 종교 권력은 어떤 부패한 권력보다 잔혹해지게 됩니다. 〈지옥〉에 등장하는 '새진리회'는 바로 그러한 종교의 폭력적 행태를 보여줍니다. 그들의 교리에 의해 '화살촉'이라는 폭력집단이 발흥하여 죄인으로 공지된 사람과 가족들에게 테러를 가하는 장면에서 신의 이름으로 가해졌던 수많은 전쟁과 폭력을 떠올리게 됩니다. 나와 내가 속한 집단이 교리적으로 해석한 신을 절대화시킬 때, 신의 이름으로 우리는 타자를 정당하게 살해할 수 있다는 오만에 빠집니다. 이 때문에 인류 역사에서 종교로 인한 전쟁으로 죽은 사람의 숫자가 그렇지 않은 전쟁으로 죽은 사람의 숫자보다 많을 것이라는 가정이 나오는 것입니다.

지금 우리는 기독교라는 신성한 영적 공동체를 통해 자기 몸을 내어주기까지 타자를 사랑한 그리스도의 길을 따라가고 있는지, 아니면 기독교라는 당파성을 위해 하나님의 이름으로 누군가를 혐오하고 증오하며 학살을 정당화하는 모임에 속해 있지 않은지 돌아봐야 합니다. 지옥의 공포를 이용하여 이 세계를 지옥으로 만드는 것이 종교라면 그 종교 자체가 지옥이 될 것입니다.

정치와 달리 종교가 권력화되어도 사람들은 그것을 눈치채지 못합니다. 교리적 신념은 신의 이름으로 사람을 속이기 쉽기 때문입니다. 종교에 속는 사람들이 사악한 일을 행하면서도 정의감과 구원의식에 도취하는 이유이기도 합니다.

〈지옥〉 마지막 장면에서 택시기사는 이렇게 말합니다.

"전 신이 어떤 놈인지도 모르고 관심도 없어요. 제가 확실히 아는 건 여긴 인간들의 세상이라는 겁니다. 인간들의 세상은 인간들이 알아서 해야지요."

하지만 인간의 역사를 돌아보면, 굳이 타락한 종교 때문이 아니더라도, 인류는 그 존재만으로도 끔찍한 재앙입니다. 신을 떠난 자연과학과 계몽주의적 인간들이 만들어놓은 이 세계가 온당한지 돌아봐야 합니다. 지구에 생명이 살아남을 수 있는 기한이 얼마 남지 않았다는 것을 자연과학자나 인문학자들 모두 이해하고 있습니다. 인간들의 세상을 인간들이 알아서 한 결과입니다.

지금은 욥기를 읽어야 할 때입니다. 욥의 고난과 승리에 초점을 맞추는 게 아니라 인간이 가진 생각의 모순, 논리의 부조리를 욥과 세 친구를 통해 성찰해야 할 때입니다. 욥기의 메시지는 욥의 인내와 승리가 아니라 주제넘은 인간의 모습을 돌아보라는 것입니다. 인간은 스스로 알아서 할 때 가장 위험해지기 때문입니다.

# 니들이 대신 죽어줘,
# 당연한 거잖아?

인간이 가장 위험해질 때가 있습니다. 무식한 사람이 신념을 가질 때입니다. 암기과목으로 시험에 합격하여 검사나 법관이 될 때가 그렇습니다. 사유하지 못하는 사람이 믿음을 가질 때도 그렇습니다. 문해력 없는 사람이 성경을 읽고 목사가 될 때는 특히 더 위험합니다. 문자는 하나의 기호에 불과합니다. 그 기호의 의미체계를 알고 문법적인 알고리즘과 그것의 맥락을 이해하는 능력을 문해력이라 합니다. 그런 면에서 기독교는 성경을 읽고 해석하는 능력을 기본 소양으로 하는 종교입니다. 이런 소양이 없는 사람이 신념을 가지고 목사가 되면 위험합니다.

예전에 교단 목회를 할 때 일입니다. 교단 행사가 있어 목회자들이 승합차에 동승해 장거리 이동을 하는 과정이었습니다. 이런저런 이야기꽃이 피는 차 안의 분위기에 빙충맞은 한 목사가 찬물을 끼얹었습니다. 그는 평소에도 과격하고 거침없는 정치적 발언으로 사람들의 눈살을 찌푸리게 하는 이였습니다. 그는 때 지난 연평해전 사건을 꺼

내며 '그때 김대중이 과감하게 북한을 공격하지 못한 것은 그가 종북이었기 때문'이라고 핏대를 세우고 떠들기 시작했습니다. 빨갱이 대통령이라는 말도 서슴지 않았습니다. 엄청난 정치적 내막을 알고 있는 듯 큰 소리로 떠들기 좋아하는 류의 치기어린 태도였습니다. 다른 동승한 이들은 일변 침묵 모드로 돌아섰습니다. 그의 말이 타당해서가 아니라 소통하기 어려운 사람과 말을 섞어서 괜한 분란을 만드는 게 싫었던 것입니다.

그의 입에서 쏟아져 나오는 정치 화두의 결론은 '선제타격'이었습니다. 지금이라도 늦지 않았으니 북한을 선제타격하여 몰살시켜버려야 한다고 침을 튀기며 열변을 토했습니다. 듣다못해 내가 그의 비위가 상하지 않도록 최대한 점잖게 한 마디 응수했습니다. "전쟁 나면 우리도 많이 죽지 않겠습니까?"라고. 순간 그는 얼굴이 붉게 달아오르며 더욱 핏대를 세웠습니다.

"전쟁은 원래 그런 거 아녀? 사람 죽는 거 무서워서 전쟁 못 하면 안 되지! 그깟 사람 몇십만 명 죽는 게 대순가?"

갑자기 그의 못된 생각에 상처를 내고 싶어졌습니다. 나는 요한계시록의 그림 언어를 사용하여 그의 머리에 비극적인 상황을 최대한 깊이 각인시키기 위해 내가 가진 언어의 날카로운 부분을 드러냈습니다. 그림 언어는 잔인할 정도로 사람의 머릿속에 어떤 상황이나 사태를 명료하게 떠올리게 하는 효과가 있습니다. 요한계시록이 바로 그렇습니다.

"그 비참하게 죽은 몇십만 명 중에 당신의 아들딸이 포함돼도 괜찮은가요? 포탄에 맞아 사지가 절단되고, 총알이 복부를 관통하여 내장이 쏟아지고, 두개골이 부서져 뇌수가 흩어진 채로 길거리에 널브러진, 그 시체가 당신의 아내와 당신의 아들딸이어도 괜찮은가요? 전쟁이 나면 이제 막 군에서 제대한 당신의 아들이 최전방으로 징집될 텐데, 그래도 괜찮은가요? 그래도 선제타격을 해야 하나요?"

내 말이 채 끝나기도 전에 그는 이미 이성을 잃고 말았습니다. 그는 말을 하지 못하고 증기기관차처럼 스팀을 뻑뻑 내뿜으며 내게 삿대질을 해댔습니다.

"어이, 김 목사 말이야! 사상이 의심스러워, 사상이!"

그는 내게 그 말만 반복적으로 던졌습니다. 그것 외에는 할 말이 없었던 것입니다. 그는 고속도로 휴게소에서 다른 차로 바꾸어 탔습니다.

나는 그와 같은 기독교인들을 자주 만납니다. 그들이 가지고 있는 공통적인 특징은 타인에 대한 공감 능력이 없다는 것입니다. 전쟁이 나더라도 그로 인한 피해로부터 나는 안전할 수 있다는 망상을 하고 있습니다. 나와 내 가족의 안전을 대가로 누군가가 대신 죽어주는 게 당연하다는 논리가 그들의 무의식에 깔려 있습니다. 특히 한 번도 타인을 위해 헌신하고 희생해보지 않은 자들에게서 그러한 무지와 광기가 나타나는 것을 봅니다. 누군가 나 대신 죽어주는 대가로 나는 영생을 누릴 수 있다는 망상을 하는 것 말입니다.

안타깝게도 이러한 사고가 오랫동안 기독교를 지배하고 있습니다. 예수님의 십자가 사건을 인류의 모든 죄를 지고 간 것으로 보고 그로 인해 우리는 손쉽게 구원받았다고 믿는 것입니다. 대속론과 칭의론이 그것입니다. 예수님이 나 대신 십자가에서 못 박혀 죽었으니 나는 그로 인해 죄에서 놓여 의인이 되고 구원받아 영원한 생명을 얻었다고 확신하는 교리가 기독교 교리의 근간입니다. 이런 교리는 기독교인들에게 손쉬운 구원의식을 낳았습니다. 이런 구원의식은 노력하지 않아도 구원받을 수 있다는 인스턴트 신앙을 양산했습니다. 인스턴트 신앙은 예수님을 따름의 대상이 아닌, 믿음의 대상으로만 보도록 만들었습니다.

예수님은 자신을 믿으라 하기보다 따르라 강조했습니다. 따르는 것은 행위를 수반합니다. 희생과 헌신을 요구합니다. 하지만 믿음은 심리적 고백만으로 가능합니다. 따름보다 쉬운 게 믿음입니다. 기독교인들은 너무 쉬운 것만 선택하며 살아왔습니다.

선제타격론을 주장하는 사람들의 심리 기저에도 이런 구원론이 자리잡고 있습니다.

"니들이 나 대신 죽어줘, 당연한 거잖아?"

선제타격론은 힘없고 가난한 사람의 자식들에게, 나 대신 죽어달라는 외침입니다. 예수님이 나 대신 죽어준 것처럼 누군가가 나와 우리 가족을 대신하여 전쟁터에 나가 싸우다가 죽어달라는 사악한 구원의식이 작동하는 것입니다. 예수처럼 누군가를 위해 죽어주는 것보다 누군가 나 대신 죽어주기를 바라는 심성, 이것이 우리 시대 기독교인들의 심성이고 구원관이라면 우리는 예수님을 믿지 않는 것입니다.

# 21세기
# 원시 사회

1995년 김영삼 대통령이 구조선총독부 건물을 폭파해버렸습니다. 그것은 하나의 정치 퍼포먼스였습니다. 일제에 대한 원한을 씻어내려는 씻김굿이었습니다. 정치 퍼포먼스는 일종의 주술적인 행위로 합리적 사고를 마비시킬 수 있습니다. 올바르지 못한 정권은 합리성보다 주술성을 통해 정치를 합니다. 근대는 샤먼의 비합리적인 세계와 결별한 것처럼 보이지만 근대 이후에도 샤먼의 주술은 지속되고 있습니다. 가장 합리적이고 냉철해야 할 정치인들이 주술적인 정치 행위를 하는 이유는 시민들의 의식 속에 여전히 주술적 사고가 작동하기 때문입니다.

2021년 5월 이스라엘이 가자지구를 공습한 사건도 정치적 주술 행위의 하나입니다. 이스라엘 네타냐후 총리는 부패 혐의로 재판을 받고 감옥에 갈 위기에 처해 있었습니다. 특히 그해 3월 총선에서 패배하여 야당에 연정 구성 권한까지 넘겨준 상태였습니다. 네타냐후는 이 위기를 돌파하기 위해 극우파의 지지가 필요했고 이들의 정치적 욕구를 충족시켜주기 위한 퍼포먼스로 가자지구를 공습한 것입니다. 전쟁 중에는 지도자를 교체하면 안 된다는 이스라엘 내의 여론이 만들어졌습니다. 네타냐후는 이것을 노리고 가자지구를 공격한 것입니다. 그것도 이슬람의 라마단 금식 기간을 택해 선제공격한 것입니다.

이 비열한 공격을 서방 언론들은 하마스의 공격에 이스라엘이 대응한 것으로 보도합니다. 네타냐후는 전시 상황을 연출하여 시민들을 결집하고 주술적 흥분 상태에 빠트리는 데 성공했습니다. 서방 언론은 주술을 외듯이 하마스를 테러 단체로 부각시켰습니다. 또한 이것을 쌍방의 전쟁으로 보도했습니다만, 팔레스타인의 역사와 정치를 조금만 알게 되면 이것이 쌍방의 전쟁이 아니라, 일방적 학살이라는 것을 쉽게 이해할 수 있습니다.

이스라엘이 2,000년 동안 영토 없이 떠돌다가 갑자기 자기 땅이라고 우기며 그곳에 살고 있는 원주민들을 한 곳에 몰아넣고 높은 장벽을 쳐서 가도 오도 못하게 만든 감금 도시가 가자지구입니다. 2,000년 전에 자기 조상이 살았던 땅이라고, 내 땅 내놓으라고, 팔레스타인인들이 살고 있는 집 안방에 들어가 행패를 부리고 가족을 몰아낸 사건이 중동전쟁입니다. 팔레스타인 문제의 시발점은 그것입니다.

나치에 의해 게토에 분리되고 홀로코스트에서 학살당한, 역사의 피해자였던 유대인들이 지금은 타민족에게 야만적인 가해자가 되었습니다. 나는 십여 년 전에 베들레헴과 여리고의 팔레스타인 자치 지역에서 갇힌 사람들의 우울한 초상을 보았습니다. 손주와 함께 길거리에 나온 할아버지의 우울한 얼굴빛이 손주의 얼굴빛에 그대로 투영되고 있었습니다.

팔레스타인 자치구 중에서도 가자지구는 통제가 가장 심한 곳입니다. 지중해와 연한 해변까지 철조망을 쳐서 바다에조차 접근하지 못하도록 하고 있습니다. 우리나라 지방의 소도시 정도 되는 좁은 면적에 200만 명의 팔레스타인 원주민을 몰아넣고 장벽을 쳐서 오가도 못하게 감금하고 있는 것입니다. 네타냐후 총리는 인구밀도가 높은 이곳에 무자비하게 폭격을 가했습니다. 2021년 5월 14일엔 하마스를 핑계로 민간인 지역에 하루 160대의 폭격기를 동시에 띄워 폭격을 퍼부어 212명이 사망했습니다. 하마스 지도자가 있을 것으로 추정되는 곳, 그곳에 민간인이 있든 없든 이스라엘 군은 상관하지 않았습니다.

하마스는 2007년에 선거를 통해 합법적으로 집권한 자치정부의 정당이며 내각입니다. 다만 이들이 좀 더 과격한 이슬람 근본주의 행태를 보인 것은 아쉬운 일이지만 그렇게 될 수밖에 없는 이스라엘의 야만적인 모습이 그 배경에 있다는 것을 서방 언론은 말하지 않습니다.

2008년 12월에 있었던 일입니다. 가자지구를 폭격하는 모습을 이스라엘 TV 프로그램에서 스코어를 따져가며 스포츠 중계하듯 했습니다. 이 장면을 보면서 길거리에서 환호하며 기뻐 뛰는 이스라엘 사람들의 모습을 한 언론사가 중계했습니다. 이를 본 한 언론인이 "이스라엘판 악마를 보았다"고 말하였습니다. 이들은 왜 이렇게 야만적이고 파괴적일까 생각해봅니다.

주술은 초자연적인 힘을 조정하고 통제하는 원시적 기술입니다. 엘리아데Mircea Eliade는 이러한 행태를 '고대의 접신술'이라고 말합니다.

현대 문명사회가 이 주술적인 사슬에서 벗어나지 못하는 것은 인간성 안에 아직도 원시적인 주술성이 작동하고 있기 때문입니다. 고요한 수면 위에 나트륨을 던지면 폭발하는 것처럼 합리적인 근대 시민 정신에 주술적 정치 퍼포먼스가 던져지면 폭발이 일어나게 되는 것입니다. 이것을 잘 아는 정치인들은 이를 통해 권력을 강화하려 합니다. 돌아보면 인류를 야만의 구렁텅이에 처박았던 독재자들은 다 주술적 정치가들이었습니다.

일본 극우 정치인들의 막말 퍼레이드, 한국 보수정당 정치인들의 언어들은 주술적입니다. 주술은 논리적 사고를 파괴하여 그 주술에 감염되기를 바라는 기원을 포함합니다. 코로나 시국에 한국의 언론들은 연일 정부를 향해 방역 실패 주술로 도배를 하다가 코로나 백신 확보가 안 됐다고 생떼를 부렸습니다. 백신이 확보되자 이젠 백신 부작용에 대해 근거도 없는 수치를 내밀며 공포감을 조성하기도 했습니다. 정부가 방역에 실패하도록 유도하여 정권이 보수정당에 넘어가기를 바라는 기원이 언론을 통해 샤먼의 주술처럼 쏟아졌습니다. 이런 언론들의 주술을 하루 종일 뉴스 메인에 걸어두는 포털, 네이버와 다음 역시 마찬가지로 주술적 집단입니다. 선정적이고 자극적인 기사 제목을 뽑도록 유도하여 그것으로 고객을 유인하고 쇼핑을 하게 해 돈을 버는 상술로 진실을 왜곡하는 것입니다.

정치와 언론뿐만 아닙니다. 교회마저 주술적 목회자가 있는 데가 성장하고 부흥하는 것을 봅니다. 보수적인 기독교인들은 예수님을 따르자고 말하는 목사보다 예수 믿으면 복 받고 잘산다고 말하는 목사를 정상으로 봅니다. 예수님을 따라 바르게 살자고 말하면 비정상적인 좌파 목사라고 생각합니다. 그들에겐 주술적인 감흥으로 설교하고 퍼포먼스를 잘하는 목사가 올바른 목사입니다. 신앙이 주술이 되었기 때문입니다. 21세기에도 우리는 여전히 원시 사회에 살고 있는 셈입니다.

# 그들은 왜
# 망하지 않는가

사람들은 거짓말을 합니다. 아니, 인간만이 거짓말을 합니다. 조너선 스위프트Jonathan Swift는 『걸리버 여행기』에서 거짓말하는 인간의 특성을 이성理性에서 찾았습니다. 인간에게 정말 이성이 있다면 그것은 이기적이고 잔인한 일을 꾸미기 위해 특별하게 고안된 장치일 것이라고 말합니다. 그의 말에 따르면 인간의 이성은 거짓말을 하도록 특별히 진화된 기능인지도 모릅니다. 계몽주의가 발흥하던 시대에 영국 국교회 목사였던 스위프트는 시대와 인간을 보는 날카로운 지적 안목과 통찰력을 가지고 있었는데, 그의 눈으로 본 인간은 비열한 거짓말쟁이였습니다.

사람이 거짓말을 할 때는 보통 세 가지 경우에 속합니다. 첫 번째는 유희를 위해 하는 거짓말입니다. 문학작품이나 연극, 영화 같은 경우 작가가 거짓말을 창작하고 독자는 그 거짓말에 공감하며 공유합니다. 이때 거짓은 역설적으로 진실을 말하기 위한 수단입니다. 두 번째는 약자가 외부의 위협으로부터 자신을 보호하기 위해서 하는 거짓말입니다. 이런 경우 악의적인 의도를 갖지 않습니다. 세 번째는 사악한 거짓말입니다. 자신의 이익을 위해서 상대방을 속이거나 혐의를 뒤집어씌워 몰락시키려는 의도를 가진 거짓말입니다.

우리는 이 세 번째를 거짓말의 전범으로 봅니다. 이 사악한 거짓말이 가장 많이 발흥하는 곳이 정치 무대입니다. 특히 한 사회의 정신 수준이 저급할 때 사악한 거짓말이 발흥하며 부도덕한 사람들이 그것을 이용해 정치인이 됐을 때, 거짓말이 사람들을 지배합니다. 거짓말은 그것을 믿고 따르는 사람이 있을 때 생명력을 갖기 때문입니다.

거짓말이 잘 통하는 집단이나 사회는 전근대적인 사회입니다. 막스 베버Max Weber는 근대성의 기준을 탈주술화에서 찾았습니다. 합리적 사유와 판단은 주술적 망상을 깨뜨리는 힘이기 때문입니다. 최첨단 IT 기술을 향유하며 살더라도 합리적인 사유와 판단력을 잃으면 주술에 감염되게 됩니다. 거짓말을 지어내는 사람이 듣는 이를 감염시키려는 의지를 갖는다는 데서 거짓말은 주술성을 갖습니다.

주술은 비현실적이고 초월적인 영향을 주고받을 수 있다는 생각을 가진 샤먼의 언어입니다. 주술 언어는 일상의 논리와 문법을 파괴합니다. 합리적인 이해나 분석이 필요 없습니다. 타당성이나 근거를 요구하지 않습니다. 샤먼의 주술에 합리성이나 타당성을 따지는 사람은 없습니다. 주술이기 때문입니다. 그래서 칸트Immanuel Kant는 주술을 '광신적 망상'이라고 말합니다.

이 광신적 망상 역시 주술에 동조하는 집단이 있을 때 힘을 얻습니다. 샤먼의 주술이 참인지 거짓인지, 근거가 있는 말인지 아닌지를 굳이 따지지 않고 신뢰하는 사람들이 있을 때 그 말은 힘을 갖습니다. 주술의 숙주 집단이 커질수록 샤먼의 권력도 커지게 됩니다. 샤먼이 세계를 치유하고 회복시키는 사제를 넘어서 권력자가 되는 기점이 바로 주술에 감염되어 그를 추종하는 사람이 많아질 때입니다.

2021년 10월 18일 국민의힘 김용판 의원은 경기도 국정감사에서 이재명 지사가 경기도지사 재임 시 거액의 뇌물을 받았다고 증거 사진을 공개했습니다. 이어 그가 마피아 보스라고 했는데, 한 시간 만에 거짓임이 드러나고 말았습니다. 하지만 보수정당과 언론들은 그런 것쯤으로 부끄러움을 느끼거나 책임을 감수하지 않습니다. 몰라서 한 게 아니라 알면서 했거나 의도적으로 조작하는 일을 관습적으로 해왔기 때문입니다.

우리나라 보수정치인은 정치 언어를 샤먼의 언어로 사용해왔습니다. 거짓말을 하고 가짜뉴스를 확대 재생산해도 믿어주는 사람들이 국민의 30퍼센트나 되기 때문입니다. 이들의 주술적 언어에 언론이 의문을 제기하지 않기 때문입니다. 언론이 진실에 침묵할수록 사람들은 주술에 감염되기 쉽습니다. 주술에 감염된 사람들은 주장의 근거나 진실성에 관심을 두지 않습니다. 주술은 이성이 아닌 망상의 언어를 사용하기 때문입니다. 보수정치인들이 전통적으로 사용해온 것이 바로 주술 언어입니다. 가장 합리적이어야 할 정치 언어를 주술 언어로 오염시킨 것입니다. 중세의 종교적 주술이 이단과 마녀였다면 대한민국 현대사의 정치적 주술은 종북 좌익과 반미 같은 것들입니다. 어떤 거짓말을 해도 믿어주는 확증 편향성 환자들이 30퍼센트는 되기 때문입니다.

목사의 세습 문제, 공금 유용 문제, 성범죄 같은 비도덕적인 사건이 끊이지 않는 대형교회가 망하지 않는 것도 같은 이유입니다. 교인들이 주술에 감염됐기 때문입니다. 그들은 합리적인 사고나 진실에 대한 탐구보다 초월적 감성에 사로잡혀 있습니다. 그들은 사로잡힌 자들입니다. 생각 없음이 신앙의 순수성이라고 세뇌됐기 때문입니다. 재주 좋은 목사일수록 주술적인 언어를 능숙하게 사용합니다. 전광훈 목사가 힘을 얻었던 것은 그 때문입니다. 보수정당이 수많은 악재에도 불구하고 건재한 것과 같은 이유입니다.

# 진화하는
# 우상들

성경에서 말하는 가장 나쁜 놈은 누군가? 우상 숭배자들입니다. 기독교인이라면 구약성경을 통해 익히 들어왔던 대표적인 우상인 바알, 아세라(아스다롯), 몰렉(밀곰, 그모스), 다곤 들은 수메르나 바빌로니아에서 팔레스타인으로 유입되며 그 지역의 문화와 환경에 맞게 변화한 신들입니다.

이 우상들의 공통점은 다산과 풍요의 신들이라는 것입니다. 고대 종교에서 다산과 풍요를 위한 기원의식은 성적 교합과 연결됩니다. 고대 종교에서 성행위는 다산多産을 위한 제의의 중요 수단이기 때문입니다. 이스라엘 백성이 출애굽하여 가나안을 향해 갈 때 주변 부족들을 통해 이 '섹스종교'와 만나는데, 고대 중동에서 그만큼 섹스종교가 편만했다는 뜻입니다. 다산을 위한 제의에서 풍요를 기원하는 의식으로 성행위가 이루어진 것입니다. 이스라엘 남자들이 모압의 우상 제의에 참가하여 신전神殿 창기娼妓(사제)들과 그룹섹스에 동참한 일(민수기 25장)은 구약성경에서 매우 큰 사건으로 기록되고 있습니다.

성경을 표면적으로 보면 하나님은 인간의 성행위에 대해 강박증적인 태도를 갖고 있는 것처럼 보입니다. 하지만 성경은 성 자체를 문제 삼는 게 아니라 그것이 내포하고 있는 파멸적인 인간의 문제를 지적합니다. 인격적이고 건강한 성性이 아니라 다산을 기원하기 위한 제의적 기능으로 변질되기 때문입니다. 더 많은 곡물을 생산하고 더 많은 가축의 새끼를 생산하여 부를 늘리기를 기원하는 게 고대 종교의 섹스 제의였던 것입니다.

서양 문화에서 미와 사랑의 여신인 비너스(아프로디테) 역시 풍요의 여신입니다. 그리스, 로마에서 탄생한 팔등신의 아름다운 여신이 아니라 아세라(아스다롯)와 같은 고대 근동의 다산과 풍요의 섹스 신이 예술성과 지성미를 가진 미의 여신으로 진화한 것입니다. 비너스의 아름다움 뒤에 인간의 일그러진 욕망이 우상처럼 음험하게 숨어있는 것입니다.

다산과 풍요에는 정의와 사랑이 자라날 토양이 마련되어 있지 않습니다. 생산수단을 소유한 자가 권력을 갖게 되고 생산물의 분배에서 차별이 생기며 그것에서 계급이 파생될 수밖에 없기 때문입니다. 인간이 인간을 지배하고 착취하는 구조, 그것이 분배 없는 풍요의 결과입니다. 이러한 구조 악이 발생했을 때 성경에는 어김없이 예언자들이 등장합니다. 분열 왕국 시대인 BC 8세기에 활동했던 아모스, 호세아, 이사야, 미가와 같은 예언자들은 '하나님의 공의'라는 말을 반복해 사용합니다. 인간에 대한 정의도 사랑도 없는 아수르와 바벨론 제국의 야만적 폭력 앞에 짓밟힌 시대이기 때문입니다. 제국은 분배 없는 풍요를 독점하려는 야만적인 국가 형태였던 것입니다.

그런 야만스러운 고대 제국의 지배 방식은 사라지지 않고 오히려 진화하여 우리 안에 바이러스처럼 퍼져 있습니다. 부에 대한 지나친 갈망, 경제적 이익에 대한 탐욕적 이해가 우리를 사로잡고 있습니다. 대통령 후보마다 내세우는 제일의 공약은 '경제성장'입니다. 분배 없는 경제성장, 공정하지 않은 경쟁, 부의 독점적 소유 구조 같은 문제에 대한 담론 없이 경제성장만 외치면 사람들은 마법에 걸린 것처럼 환호하며 지지합니다.

사회심리학자 김태형은 이러한 사회를 '풍요중독사회'라고 꼬집습니다. 분배와 정 없는 풍요, 오직 풍요가 목적인 사회의 문제를 그는 예리하게 분석합니다. 그런 사회가 보여주는 집단적 망상이 바로 '가짜 행복'이라고 말합니다. 한국 사회는 '가짜 행복을 권하는 사회'라는 것입니다.

이런 제국의 야만이 우리에게 약탈적 금융사회로 나타났습니다. 힘없고 가난한 사람들에게 고율의 이자를 받아 착취하는 약탈적 금융사회는 다산과 풍요의 신이 법률과 제도를 통해 합법적으로 사람들을 노예로 전락시키는, 제도화된 우상입니다.

다산과 풍요의 우상들은 교회 안에도 있습니다. 하나님의 이름으로, 예수님의 이름으로, 담임목사의 이름으로, 정통 교단의 이름으로. 교회와 교인을 재산 가치로 보고 경영권을 세습하는 것은 목사들이 예수님의 이름으로 다산과 풍요의 신 바알과 아세라를 섬기고 있다는 뜻입니다. 이렇게 우상은 예수님의 이름으로, 정통 교단의 이름으로 진화합니다. 보이는 우상보다 보이지 않는, 우리 안에 내면화된 이데올로기의 우상, 제도 속에 숨은 우상이 더 파멸적입니다.

# 그들은 예수를
# 어떻게 죽였나

예수님의 죽음에 대해 우리가 놓치고 있는 문제가 있습니다. '예수님은 왜 죽었는가'라는 질문 너머에 '그들은 예수님을 어떻게 죽였는가'라는 질문을 우리는 항상 놓치고 있습니다. 예수님은 인류의 죄를 대속하기 위해 십자가에서 죽은 하나님의 아들입니다. 이것이 우리가 믿는 예수 죽음의 의미입니다. 우리는 이 대속적 죽음을 넘어 예수님의 죽음에 대한 다른 측면을 생각하려 하지 않습니다. 지난 2,000년 동안 교리적 이해가 너무 견고하게 우리를 사로잡아왔기 때문입니다.

21세기 대한민국, 우리는 지금 여기에서 예수님의 죽음을 재해석해야 합니다. '그는 왜 죽었는가'라는 교리적 문답을 넘어 '권력은 진실을 어떻게 살해하는가'를 조명해야 합니다. 우리나라는 오랜 독재를 끝내고 민주적 시민사회의 길에 들어섰습니다. 하지만 검찰과 사법 권력, 자본 권력이 견고한 카르텔을 만들고 언론을 통해 진실을 왜곡하고 시민사회를 탄압하는 일들이 여전히 지속되고 있습니다. 사회를 탄압하는 방식이 예수님을 살해한 방식과 다르지 않습니다.

예수님의 죽음을 교리 밖에서 바라보면 그것은 분명 정치적인 학살이며 종교 탄압입니다. 바리새인과 유대교 기득권자들은 예루살렘 성전을 거점으로 하여 종교 시장을 장악하고 있었습니다. 그들의 종교 시장은 로마 정부와 정치적 커넥션을 맺고 있었습니다. 당시 팔레스타인은 로마의 식민지하에 있었고 종교의 자유를 보장해주는 조건으로 정치적 종속관계를 허용했습니다.

그런데 느닷없이 유대인의 종교 시장에 예수라는 청년이 등장합니다. 그것도 갈릴리라는 촌구석에서 교육받지 못한 서민 출신의 한 청년이 등장하여 사람들을 사로잡습니다. 그 청년은 수천 년 동안 유지되던 유대교의 경계선을 과감하게 넘어버립니다. 유대교의 종교 시장 울타리를 넘어 양심과 영혼의 자유를 선포합니다. 종교 시장의 성지인 예루살렘의 좌판을 뒤엎고 광야로 사람들을 끌고 나갑니다. 그렇습니다, 예수님은 성전이 아닌 광야에서 하나님을 만나라고 가르칩니다. 사람들은 광야에서 예수님을 만나 비로소 숨통이 트는 걸 경험합니다. 의례적인 종교와 삶을 억압하는 율법(도그마)에 숨이 막혔던 사람들이 예수님을 통해 하나님 나라의 시민권을 부여받습니다.

예수님의 복음은 들불처럼 온 나라에 번져나갔습니다. 엄격한 율법과 제사가 아니어도, 먹고 마시고 웃고 떠드는 일상적인 삶을 살면서 하나님을 경험하는 신앙을 가르쳤기 때문입니다. 예수님은 유대교에 대한 대안적 신앙을 제시했던 것입니다. 그것은 유대교에 대한 종교 혁명이었습니다. 제사로써의 종교, 성전 이데올로기가 된 종교, 분리와 타자화, 배제와 혐오의 종교에서 영혼의 자유와 양심의 정결함,

이웃 사랑을 실천하는 삶으로서의 신앙을 가르친 것입니다. 예수님의 복음은 종교를 신앙으로 바꾸는 전복적顚覆的가르침이었습니다.

그로 인해 예수님을 따르는 무리가 많아지자 종교 장사꾼들의 시장이 위협받게 됐습니다. 그들은 자기의 종교 시장을 보호하기 위해 예수님을 제거해야 했습니다. 종교 권력자들의 먹고사는, 민감한 문제를 건드렸기 때문입니다. 자기 이익에 민감한 부류는 진실을 말하고 보여줘도 그것을 받아들이지 않습니다. 그들에겐 진실보다 자기 이익이 더 중요하기 때문입니다. 자기 이익의 정점에 서 있는, 그것이 우상입니다. 그들은 여호와 하나님이라는 이름의 우상을 섬기고 있었던 것입니다.

예수님을 죽일 방도를 강구하던 유대교 지도자들은 유대 총독 빌라도Pontius Pilatus에게 예수님을 고소합니다. 이때 고소의 근거로 삼은 것이 예수님이 '유대인의 왕'을 참칭僭稱했다는 것입니다. 예수님은 종교개혁가였고 신앙 부흥 운동가였습니다. 이 땅에서 행복하게 사는 법을 가르치고 보여준, 사람의 아들이었습니다. 예수님은 이 땅의 삶이 천국의 삶이 되어야 한다고 가르쳤습니다. 유대교 지도자들은 종교적 이유로 예수님을 죽일 명분은 없었습니다. 그래서 예수님에게 정치적인 프레임을 씌운 것입니다. 예수님이 왕을 참칭했다고.

예수님은 사실 십자가에서 죽은 게 아니라 프레임에 갇혀 죽은 것입니다. 유대교의 권력자들이 정치적 프레임을 씌워 학살한 것입니다. 그렇습니다, 권력자들은 명분 없이 폭력을 행사할 때 항상 프레임을 사용합니다. 우매한 대중은 프레임에 잘 속습니다. 무엇이든 프레임 안에 가두면 사람들은 프레임이 위치한 맥락과 정황을 보지 않고 프레임만 보기 때문입니다. 그런데 이러한 프레임 정치와 폭력은 역사에서 늘 반복적으로 나타나는 현상입니다.

한국 사회의 검찰과 사법 권력, 자본 권력, 언론 권력의 거대 카르텔이 보여주고 있는 프레임은 예수님을 살해한 프레임과 다르지 않습니다. 2,000년 전에 예수님을 프레임에 가두어 학살한 권력이 지금도 진실을 프레임에 가두어 학살하기 위해 난동을 부리고 있습니다.

tvN의 〈빈센조〉라는 드라마는 이러한 카르텔이 낳은 폭력적 사회구조를 보여줍니다. 유감스럽게도 〈빈센조〉는 법과 상식이 통하지 않는 한국 사회의 권력 카르텔에 대항하는 대안으로 마피아를 동원합니다. 단단한 권력의 프레임을 깨는 도구는 역시 마피아식 폭력이 대안일 수밖에 없다고 드라마는 말합니다. 하지만 예수님은 폭력에 대항하여 폭력으로 맞서지 않았습니다. 이것이 예수님을 믿고 따르는 기독교의 위대한 가르침입니다.

지성을 가진 그리스도인은 자신에게 이렇게 물어야 합니다.

'지금 내가 믿고 있는 예수님은 기독교라는 종교 시장의 프레임 안에 갇힌 예수님은 아닌가?', '지금도 예수님은 내가 믿고 있는 교리의 프레임 안에서 피 흘리고 있지 않는가?'

# 낙수 없는
# 낙수 효과

사람들이 간혹 이런 말을 합니다. 나중에 잘되면 보자고. 그때 크게 한 턱 쏘겠다는 것입니다. 교회에도 간혹 그런 사람들이 있습니다. 내가 하는 사업이 잘되게 기도해 달라고. 사업이 잘되면 교회에 크게 헌금을 하거나 헌신할 것처럼 말합니다. 난 그런 사람들을 신뢰하지 않습니다. 그가 가진 믿음도 신뢰하지 않습니다. 내 사업이 잘되기 위한 조건으로 하나님과 관계 맺는 태도는 신앙을 가장한 투기 행위이기 때문입니다. 하나님을 자기 이익의 수단으로 삼는 사람들, 아니 요즘 교회의 신앙 패턴이 그렇게 됐습니다. 교회가 조건부 신앙의 대리 기관이 된 것입니다.

이런 신앙 패턴은 이미 경제학에서 있었던 논리입니다. 독일의 사회학자 게오르크 지멜Georg Simmel이 유행의 사회적 파급 효과를 설명하기 위해서 고안한 '낙수효과(trickle down effect)' 이론을 미국의 경제학자 아서 래퍼Arthur B. Laffer가 '래퍼곡선'으로 만들어 시장경제를 절대시하는 논리로 발전시켰습니다. 재벌과 대기업의 규제를 풀어주어 더 많은 자유를 주고, 세금을 감면해주면 그들의 부가 성장하면서 그 부스러기가 하부구조에 미쳐 많은 사람이 혜택을 볼 수 있다는 논리입니다.

취임식부터 시작하여 가는 곳마다 연설에서 '자유'라는 단어를 반복해서 떠든 윤석열 대통령의 그 '자유'는 자유시장경제의 낙수효과를 염두에 둔 '시장의 자유'라는 뜻입니다. 부자들에게 더 많은 자유를 허락해야 한다는 것입니다. 그가 집권 초기부터 보인 정책들이 그러한 태도를 명백히 보여주었습니다. 법인세 감세, 다주택자 종부세 중과 폐지, 주식 양도세 감세 들을 과감하게 밀어붙이고 그 대가로 사회적 약자에게 지급되는 복지비용을 대폭 삭감해버렸습니다.

역사적으로 낙수효과는 발생하지 않았습니다. 특히 레이건 정부가 이 래퍼곡선(낙수효과 이론)을 믿고 경제정책을 폈다가 폭망하는 사태까지 벌어졌습니다. 그 후로도 여러 나라에서 낙수효과 이론을 토대로 시장주의 정책을 폈지만 성공한 사례는 없었습니다. 재벌이 더 많은 돈을 벌고 대기업이 성장하면 사회에 환원할 것이라는 생각은 모두 빗나갔습니다. 기업은 고용을 늘리기보다 자동화 시스템으로 전환하여 오히려 고용을 감소시켰고, 재벌은 탈세와 탈법을 통해 수익구조를 더 악랄하게 바꾸어 자기 이익을 극대화했습니다.

그 과정에서 비정상적인 고용이 늘어났고 빈부 차는 더 커졌으며, 노동의 질은 더 낮아졌습니다. 한국 개신교회가 만든 장로 대통령은 첫 단추부터 신자유주의를 통해 낙수효과를 기대했습니다. 하지만 경제는 어려워졌고 노동의 질은 낮아졌습니다. 그 결과 사람을 갈아 넣어 생산력과 효율성을 높이는 구조로 한국 사회는 변질됐습니다. 생산과 효율성이 목적이 되면 사람은 그것을 위한 도구가 됩니다. 그때부터 사람을 인격적인 대상이 아닌, 갈아 넣어 상품을 만들어내는 원료로 인식하는 사회가 됩니다. 교회가 만든 장로 대통령이 우리 사회와 사람들을 그렇게 만들었습니다.

이런 경제 이론이 교인들의 신앙 패턴에도 그대로 나타나기 시작합니다. 교인 대부분이 돈을 많이 벌어 가난한 사람들을 돕는 것으로 하나님의 선한 일을 하겠다고 생각하는 것입니다. 이 생각엔 함정이 있습니다. 정직한 그리스도인이 자본주의 사회에서 돈을 '많이' 번다는 것은 그리스도인의 양심과 신앙을 퇴행시켜야만 가능한 일이기 때문입니다. 부정한 방법으로라도 돈을 많이 벌어 가난한 사람들을 도와준다면, 그것으로 모든 것이 선해질 수 있다는 결과론적 논리가 어느새 신앙 안에 뱀처럼 똬리를 틀게 된 것입니다.

그래서 강남의 부자 교회에서 시골의 작은 교회나 해외에 선교를 많이 하면 그 교회를 선하게 봅니다. 대형교회가 분리 개척을 하면 사람들이 그 결과를 보고 감동을 합니다. 부자 동네의 대형교회 교인들이 어떤 방식으로 부를 축적했으며, 그 과정이 기독교 가치와 부합했는가, 묻지 않습니다. 또 부자 동네의 대형교회가 성장하는 과정은 그리스도의 복음에 합치되고 하나님의 정의에 부합하는가, 묻지 않습니다. 강도짓을 해서라도 누군가에게 선을 베풀면, 그 결과만으로 선하다고 믿는 것입니다. 마치 이제 입을 막 뗀 어린 아기에게 '엄마가 좋아, 아빠가 좋아?' 하고 묻는 격입니다. 아직 인지능력이 발달하지 않은 어린아이는 뒤에 오는 이름, 곧 최종적으로 귀에 들린 이름을 기억하고 그 이름을 답하기 쉽습니다. 기독교인들의 신앙에 대한 인지능력이 지금 그 수준입니다.

그러니 교회와 교인들이 하나님을 사업 파트너로 여기게 되는 것입니다. 당신이 내 사업을 밀어주면 난 돈을 많이 벌어 당신의 영광을 위해 선한 사업을 하겠다는, 일종의 거래 관계입니다. 그 과정에서 불법과 탈법, 탈세, 사람을 갈아 넣는 노동의 강도, 비인격적인 경쟁 구조, 저임금 같은 문제를 유발하는 것에 아무 죄책감을 느끼지 않습니다. 오직 돈 많이 벌어 하나님의 영광을 위해 헌신하는 것이 절대적 기준이 되었기 때문입니다. 하나님의 정의(공의)와 예수님의 사랑과 희생은 영적(관념적)인 영역으로 분리해 그것을 현실과 무관한 것으로 치부합니다.

교회에서 '영적'이라는 말을 입에 달고 사는 사람들은 '자유'라는 말을 입에 달고 사는 윤석열 대통령과 같은 영적 세계에 사는 사람들입니다. 사람들이 뭘 모를 때, 그럴듯한 관념어를 사용하기 좋아합니다. 그러면 있어 보이기 때문입니다. 영적이란 말과 자유란 말이 그렇습니다.

# 한마디로
사람 죽이는 법

단어 하나로 사람을 죽이는 방법이 있습니다. 손끝 하나 안 대고 사람을 발작하게 만들기도 하고 생각을 정지시켜 좀비처럼 만들 수도 있습니다. 단어 하나로 사람의 혼을 빼내고, 영혼 없는 육체들을 광장으로 끌고 나가 좀비처럼 몰려다니게 할 수 있습니다. 일종의 마스터 키워드master keyword입니다. 만능열쇠를 말하는 '마스터 키master key'와 어떤 문장을 이해하거나 문제를 해결할 수 있는 실마리가 되는 말을 뜻하는 '키워드keyword'를 합성한 말입니다. 대부분의 마스터 키워드는 개인의 언어가 아니라 정치 언어이고 종교 언어입니다. 정치와 종교의 공통점은 각자 자기의 마스터 키워드를 가지고 있다는 것입니다.

　나치는 우생학을 기반으로 한 인종주의를 내세운 파시즘 집단이었습니다. 인종주의와 파시즘을 결합한 사상으로 무장한 게 나치였습니다. 나치는 '유대인'을 불가촉천민처럼 취급했습니다. 유대인을 표식하는 다윗의 별을 옷에 달고 다니도록 했고, 게토ghetto라는 유대인 구역에 격리했으며 홀로코스트에서 집단학살을 자행했습니다. 이 과정에서 독일 사람들의 이성을 마비시킨 것은 하나의 단어였습니다. '유대인'이라는 단어입니다. 히틀러는 한 민족을 박멸시킬 수 있는 기술인 한 단어, '유대인'을 만들었습니다. 유대인을 향한 불온한 혐의를 있는 대로 다 뒤집어씌우고 나자 유대인이란 말은 하나의 민족을 뜻하는 단어가 아니라, 의미가 증발한 혐오와 저주의 이미지가 되었습니다. 사람들은 이미지를 보게 되면 의미를 생각하지 않고 그것이 가리키는 겉모습만 받아들입니다. 이미지는 사유를 정지시키는 힘이 있습니다.

1950년대 초 미국의 조지프 매카시Joseph Raymond McCarthy 상원의원이 미국 내에 소련 간첩들이 많은 곳에서 암약하고 있다고 선포했습니다. 그는 의회에서 페이퍼를 흔들며 '이것이 간첩의 명단'이라고 떠들었습니다. 그 후로 미국에서는 '공산주의'와 '간첩'이라는 단어만 들이대면 혐의가 없어도 과정과 절차를 거치지 않고 추방하거나 공직에서 쫓아낼 수 있게 되었습니다. 매카시가 던진 하나의 단어 '간첩'은 그 어떤 지성인이나 기자들조차 의심하지 못하게 만들었습니다. 그 후로 반지성적이고 반인륜적인 파시즘의 형태를 매카시즘이라 부르게 됐습니다. 훗날, 매카시가 말한 것은 거짓이었고 그가 흔들던 페이퍼는 백지였다는 사실이 밝혀졌습니다.

매카시는 많은 무기를 사용한 게 아니라 오직 하나의 단어만 사용했습니다. 매카시는 한 단어로 많은 사람을 죽일 수 있었습니다. '간첩'은 매카시의 마스터 키워드였습니다.

우리나라에서는 대통령 선거 때마다 보수 진영에서 진보 진영을 향해 던진 하나의 단어가 있습니다. '빨갱이'입니다. 이 말은 간혹 '종북', '좌파', '퍼주기' 등으로 변형되기도 하지만 동일한 기의記意를 갖습니다. 보수는 이 한 단어로 정치를 효과적으로 즐깁니다. 마스터 키워드는 가성비가 매우 좋은 단어입니다. 이 단어 하나면 태극기 든 노인들을 광장으로 모이게 할 수 있고 투표장으로 몰려나오게 할 수 있습니다. 한 단어면 됩니다.

교회와 목사들에게도 두려움을 느끼는 단어가 하나 있습니다. '이단'이라는 말입니다. 종교가 보수화된 사회에서는 유난히 이단 시비가 많습니다. 한국 개신교회가 그렇습니다. 이런 풍토에서는 소위 정통이라고 자처하는 교단의 도그마에서 벗어나면 '이단'이라는 혐의를 받게 됩니다. 신학교 교수들은 자기 학문을 자유롭게 강의하거나 저술하지 못합니다. 교단의 눈치를 보기 때문입니다. 특히 1992년에 감리교신학대학의 변선환 교수가 교단 정치에 의해 파문당하여 비극적인 파국을 맞은 이후 신학자와 목회자들은 자기검열을 하게 되었습니다. '이단' 혐의를 받지 않으려면 말조심해야 했습니다. 특히 목사들이 설교할 때, 삼위일체를 의심하게 하거나, 동성애를 긍정하거나, 진보 정치를 옹호하는 등의 낌새를 보이지 않기 위해 매우 조심해야 했습니다. 신학자와 목사의 학문과 신앙 양심을 죽이는 데는 많은 것이 필요치 않습니다. 단 하나의 단어만 있으면 됩니다. '이단'이라는 말입니다.

누군가를 사로잡는 마스터 키워드, 그것은 사람을 살해하는 아주 강력한 무기입니다. 그런 살인 도구는 주변에 많이 있습니다. 그것들은 정의와 평등의 가면을 쓰고 나타나기도 합니다. 일테면 페미니즘,

소수자, 인권, 반려동물 같은 것들입니다. 그것이 중요하지 않다는 게 아닙니다. 그것들이 중심이 되고 목적이 되어 다른 가치들을 파괴해도 된다는 논리로 발전하는 것을 경계해야 한다는 뜻입니다. 여성의 인권과 성평등은 중요합니다. 하지만 구체적 혐의나 증거도 없이 심증이나 느낌만으로 누군가를 범죄자로 만들어버릴 수 있다면, 그것은 인권이나 평등이 아니라 '여성'을 마스터 키워드로 만드는 것입니다. 인권을 위해 인권을 짓밟아도 된다는 논리나, 소수자의 권리를 위해 보편적인 가치를 도외시해도 된다는 논리, 반려동물을 위해 이웃의 삶을 방해하거나 혐오를 가져다주는 행위까지 존중해야 한다는 논리, 이들 가운데도 마스터 키워드가 있습니다.

저급한 사회일수록 사람들의 마음은 마스터 키워드에 잘 열립니다.

# 예수의
# 피

이미지image란 어떤 사물이나 세계가 겉으로 보이는 모습[像]을 말합니다. 이미지는 빛이 반사되고 굴절되어 나타내는 광학적 기능 안에서 볼 수 있습니다. 이런 의미로 볼 때 카메라는 사물과 세계를 단순히 카피하는 기계가 아니라 빛을 통해 사물과 세계의 본질을 꿰뚫어보는 인식의 기재입니다. 이미지가 실재보다 과장하여 보일 때, 그것은 환상이 됩니다.

고대사회에서는 신화神話가 왕권을 신격화하면서 왕의 이미지를 환상으로 바꾸었습니다. 왕에게 있는 인간적 결함과 한계를 제거하기 위한 일이었습니다. 심지어 그 죽음의 비극마저도 숨기고 영원과 신비로 뒤덮으려 했습니다. 예전에 카이로의 이집트국립박물관에서 투탕카멘의 황금마스크를 본 적이 있습니다. 나는 그것을 보면서 아름다운 예술적 감흥을 느끼기보다 한 인간에게 환상을 씌워 인간적 결함을 은폐하려는 고대 권력의 이미지 기술을 떠올렸습니다. 보여주고 싶은 것은 강조하고 그렇지 않은 것은 화려한 보석으로 치장하거나 감추는 화장술이 권력을 신격화하는 데 사용됐던 것입니다.

근대에는 이미지가 환상이 되는 과정을 미디어가 담당하고 있습니다. 미디어는 먹고 배설하고 잠자고 사랑하고 미워하는 모든 인간의 일상적인 실재를 제거합니다. 사람의 생물학적 존재가 가질 수밖에 없는 더러운 배설물, 불결한 냄새 같은 것들을 증발시키고 깨끗하고 아름다운 이미지를 만들어 제공합니다. 다른 육체적 감각에 비해 시각이 절대화됩니다. 외부의 정보를 받아들일 때 대부분 이미지에 의존하게 되는 것입니다. 타자를 이해할 때 우리는 겉으로 드러난 이미지를 보게 됩니다. 누군가 TV에 나오면 유명시되고 연예인은 왕처럼 신격화되기도 합니다. 미디어가 대중에게 이미지를 과장하여 환상을 만들어주었기 때문입니다.

사람이 한 번 환상을 보기 시작하면 이성적인 사고가 둔감해지기 시작합니다. 환상은 빠져나오기 힘든 늪처럼 사람의 이성을 끌어당깁니다. 이 때문에 환상에 빠진 사람들은 합리적인 사고를 하지 못하게 됩니다. 스탈린에 열광했던 러시아 민중이 그랬고 히틀러에게서 환상을 보았던 괴벨스가 그랬습니다. 이들 말고도 끈끈이주걱 같은 환상에 빠지거나 몰락한 역사의 인물은 수도 없이 많습니다.

자기 환상에 빠져든 경우도 있습니다. 그리스 신화에 나오는 나르시스는 수면에 비치는 자기 모습에 도취해 그것을 품으려다 물에 빠져 죽게 됩니다. 자기도취와 자기 환상 때문입니다. 이런 나르시시즘의 현상이 개신교 목회자들에게 많이 나타납니다. 히브리인들이 가졌던 선민의식이 목회자에게, 특히 보수적인 목사들에게 많이 나타나는 것을 볼 수 있습니다. 자신은 선택받은 주의 종이기 때문에 세속적인 노동이나 교회 경계 밖의 영역에 발을 들이면 안 된다고 생각합니다. 특히 군소 교단에서 운영하는 비인가 신학교에 다니는, 나이 든 사람들의 인식은 민망하리만치 거룩한 환상 가운데 있습니다.

교인들도 그런 경우가 많습니다. 보이지 않는 하나님보다 보이는 목사에게 환상을 보고 생각 없이 끌려가며 맹종하는 경우입니다. 이런 교인들 때문에 전광훈 목사 같은 류가 아무 죄책감 없이 하나님을 팔아 하나님 행세하며 위세를 부릴 수 있는 것입니다. 이런 목사를 통해 신앙을 이해하는 교인들은 신학교에 가면 자신이 더 높은 단계의 거룩한 영역에 들어갈 수 있다는 환상을 갖게 됩니다. 신학교를 거쳐 목사 안수를 받게 되면 최종적인 성화에 이를 수 있다는 환상으로 이어지기도 합니다.

이런 인식 때문에 인가든 비인가든 신학교가 문전성시를 이루고 목사가 소낙비처럼 배출되는 기이한 현상이 한국 개신교회에서 벌어지고 있습니다. 환상 때문입니다. 목사가 연예인처럼 유명해지고 성도들이 목사에게 열광하는, 대중 미디어가 만든 환상의 메커니즘이 한국 개신교회를 병들게 한 것입니다. 교단법을 무시하고 자식에게 세습하고, 상식을 비웃으며 교회 재정을 유용하여 편취하는 일을 버젓이 저지르는데도 여전히 그 교회와 그 목사에게 열광적으로 충성하는 것은 그들이 환상에 사로잡혀 있기 때문입니다.

예수님이 예루살렘이 아닌, 갈릴리에서 복음을 전파한 이유는 환상으로 장식된, 가공의 하나님 나라의 이미지를 가진 예루살렘을 부정하였기 때문입니다. 갈릴리에는 환상이 없었습니다. 갈릴리의 길은 가난과 소외와 고통과 질병과 기쁨과 환희 같은 인간의 실재들이 날것으로 부딪치는 공간이었습니다. 갈릴리는 환상이 자랄 수 없는 토양이었습니다. 예수님이 흘린 피도 생물학적 실재였습니다. 온갖 교리적 환상이 만들어낸 초월적 능력으로써의 피가 아니라 인간의 몸에 흐르는 피였습니다. 내 몸에서 나오는 붉은 점액질과 같은 것이었습니다. 그는 나와 다르지 않은 인간 예수였습니다. 그래서 그는 우리의 그리스도입니다.

# 우리는 지금
# 오폭의 시대를 살고 있다

전쟁과 죽음은 세계를 파괴하고 인간에게 고통을 주는 가장 끔찍한 사건입니다. 하지만 인간을 성찰하게 하기도 하고 성숙시키기도 합니다. 그런 면에서 전쟁영화는 매력 있습니다. 특정 인물을 미화하는 영웅담이나 특정 국가, 혹은 특정 이데올로기를 홍보하기 위해 조잡하게 제작한 전쟁영화를 말하는 게 아닙니다. 세계와 인간에 관해 질문을 던지고 아픔을 통해 세계를 성찰하는 전쟁영화를 말하는 것입니다.

2차 대전 때 덴마크에서 연합군의 오폭誤爆으로 86명의 어린이와 교사가 사망하는 사건이 있었습니다. 덴마크 코펜하겐의 게슈타포 본부인 셸후스를 폭격하라는 명령을 받은 연합군 비행 편대가 목표물을 잘못 인식하여 어린이가 다니는 수녀원학교를 폭격한 것입니다. 전쟁이 적군만을 대상으로 하는 게 아니라 그 자체로 모든 동류 인간을 희생의 제물로 삼는다는 것을 보여준 사건이었습니다. 이 실제 사건을 덴마크의 올레 보르네달Ole Bornedal 감독이 영화로 제작했고 넷플릭스에서 〈폭격〉이란 제목으로 개봉했습니다.

영화의 오프닝 신scene은 휘파람을 불며 자전거를 타고 가는 착하고 순진한 소년의 모습으로 시작됩니다. 그리고 이어지는 신은 아름다운 세 자매가 결혼식 피로연에 가기 위해 예쁜 옷을 갈아입으며 기쁨에 들뜬 장면입니다. 하지만 그녀들이 탄 택시는 독일군 차량으로 오인돼 연합군 비행기에 의해 폭격을 당합니다. 자전거를 타고 가던 소년은 택시 안에서 피범벅이 되어 죽은 세 자매와 기사의 시신을 목격하고 그 충격으로 실어증에 빠집니다. 자전거는 넘어지고, 싣고 가던 계란은 땅바닥에 내팽개쳐져 모두 깨지고 맙니다. 오프닝의 이 세 장면은 실화가 아니라 실화의 비극적 상황을 해석하는 감독의 문학적 장치입니다. 대부분의 감독은 오프닝에서 영화의 주제를 압축해 보여주려는 경향이 있는데, 보르네달 감독은 탁월한 오프닝을 선물합니다.

사건은 단순했습니다. 아군에 의한 오폭 사건이었습니다. 하지만 감독은 그 사건을 단순한 오폭 사건이 아니라 인간이 가지고 있는 인식의 오류와 존재의 비극이라는 차원에서 바라봅니다. 그렇습니다, 문학과 예술은 세계와 사건에 대한 사실의 기록이 아니라 해석의 과정이며 결과입니다. 어떤 사건의 현상이나 기록마저도 그것이 사람의 인식 구조에 투영되는 순간 해석될 수밖에 없습니다. 역사도 실제가 아니라 해석의 결과일 뿐입니다. 누가 무엇에 의해 그 역사를 바라보느냐에 따라 사건의 진실은 달라질 수밖에 없습니다. E. H. 카E. H. Carr는 『역사란 무엇인가』에서 역사를 '현재와 과거의 끊임없는 대화'라고 정의했습니다. 역사는 역사가의 해석이라는 것입니다.

보르네달 감독이 해석한 코펜하겐의 오폭 사건은 깨진 계란처럼 부화할 수 없는 인간의 비극적 운명을 암시합니다. 가장 이성적이고 합리적이라고 자부하는 인간, 그것도 근대 인간에게 나타나는 인식의 오류가 세계에 어떤 비극을 연출하는지 그는 말하고 싶은 것입니다.

우리는 민주주의를 가장 합리적인 제도라고 생각합니다. 하지만 플라톤은 이미 2,400여 년 전에 민주주의의 모순에 대해 아프게 경험했습니다. 그의 스승 소크라테스가 민주주의 방식에 의해 무고하게 사형당하는 것을 보면서 민주주의가 대중을 어떻게 속일 수 있는지, 우매한 대중이 민주주의 방식인 투표를 통해 어떻게 진실을 압제하고 파괴할 수 있는지를 뼈저리게 경험했습니다. 그래서 그는 세계와 인간에 대해 깊이 생각하고 통찰할 줄 아는, 지혜를 사랑하는 사람(철학자)만이 정치를 해야 한다고 주장했습니다.

폭격기 조종사들이 목표물을 잘못 인식해 86명의 죄 없는 생명이 죽은 일은 역사적으로나 인간적으로 매우 가슴 아픈 일입니다. 이러한 오인 폭격은 전쟁에서만 일어나는 현상은 아닙니다. 인간이 살아가는 모든 시간과 공간 속에, 그리고 우리의 일상과 인간의 역사 가운데 반복적으로 일어나는 비극입니다. 모든 사람에게 평등하게 1인 1투표권이 민주적인 원리이고 최고의 가치라는 걸 우리는 의심하지 않고 믿어왔습니다. 하지만 그 평등하게 부여받은 권리로 인간은 히틀러를 지지하거나 선거에서 트럼프를 찍기도 하고 무능하고 부조리한 후보를 선택하기도 합니다. 선택의 자유에 따라 담임목사가 공금을 유용하고 불륜을 저지르고 세습을 해도 여전히 그 교회에 열광적으로 출석하기도 합니다. 그 결과가 어떠한지 우리는 과거의 경험을 통해 알 수 있고 현재 상황을 통해 확인하고 있습니다.

자신들만이 진리를 알고 있다고 자부하는 기독교가 지배하던 중세의 유럽은 어떠한가요. 중세는 인류 역사에서 가장 많은 전쟁과 학살이 있던 시대였습니다. 혐오와 배제가 극심했던 시대였습니다. 자기와 다른 이들을 이단으로 처단하고 힘없고 가난한 이들에게 마녀의 혐의를 씌워 가장 끔찍하고 잔혹한 방법으로 학살을 자행했습니다. 기독교가 지배하고 있던 시대의 일입니다.

진리를 아는 자들이 왜 그럴까요? 자기만이 진리를 알고 있다고 믿기 때문입니다. 자기와 다른 것을 인정할 수 없기 때문입니다. 이것은 종교 문제가 아니라 인간의 문제입니다. 인간은 천사와 악마 사이의 어디에서 방황하다가 어떤 동기만 주어지면 악마로 편입될 수 있는 존재입니다. 자기만의 인식 체계 안에 갇힐 때 인간은 악마가 되고 가장 야만스러워집니다.

인간을 편견에 빠트리기 쉬운 것이 종교적 신념입니다. 자기의 인식이 잘못됐다는 사실을 깨닫지 못하거나 깨달을 수 없게 하는 게 종교입니다. 신의 이름으로 자신을 합리화시킬 수 있기 때문입니다. 이런 사람들은 오늘도 엉뚱한 곳에 폭격을 감행합니다. 자신을 기독교인이라고 당당히 밝힌 사람을 폭격하고, 이단 세력과 결탁하고, 무속에 빠진 사람을 지지합니다. 심지어는 그를 요셉에 비유하며 열렬히 찬양하기도 합니다. 우리는 지금 지독하고 끔찍한 오폭의 시대를 살고 있습니다.

# 예수님의
# 공중보건학

성경에서 예수와 대면한 귀신들은 기를 펴지 못합니다. 예수님이 누군지 귀신같이 알아보기 때문입니다. 사람을 괴롭히는 귀신들이 예수만 만나면 설설 기며 살려달라고 애원하는 것은 그들이 영적 존재인 탓입니다. 복음서에 나온 귀신 축출 기사들은 귀신을 통해 예수님이 하나님의 아들이라는 정체를 드러냅니다. 그런데 이 기사들에 사용된 문학적 기술들을 보면 당대의 사회적 맥락을 읽을 수 있습니다.

귀신은 단순히 사람의 내면을 무질서하게 만들어 고통을 가져오는, 영적인 존재만으로 묘사되지 않습니다. 그 귀신들은 복음서 저자의 문학적 기법을 통해 사회학적 의미를 함의합니다. 귀신을 사람을 못살게 구는 폭력적인 사회구조이며 제국의 압제에 대한 상징으로 읽히도록 편집한 것입니다. 이런 점에서 리처드 호슬리Richard Horsley는 복음서의 사회학적 맥락을 탁월하게 해석해낸, 훌륭한 신학자입니다.

그에게 귀신은 제국의 폭력적 억압 질서에 대한 메타포입니다. 그러므로 예수님의 복음 선포는 귀신 축출을 통해 제국의 질서에 대항하여 인간성을 회복시키는 일입니다. 특히 사복음서 중 제일 먼저 쓰인 마가복음서는 병든 사람들을 치유하고 귀신을 축출하는 기사들이 많이 나옵니다. 마가 공동체가 처한 사회적 상황이 사람을 병들게 하고 혼란과 무질서를 낳는 폭압적 구조였기 때문에 예수님의 기적 기사를 읽는 공동체에 위로와 구원의 확신을 줄 수 있었습니다. 치유와 회복의 여정이 복음서에 나타난 예수님의 사역이었던 것입니다.

그런데 교회들은 이 치유의 문제를 문자주의적으로 접근하여 단순히 개인 차원에서 이해하는 경향이 있습니다. 병든 사람들이나 정신과적 질병이 있는 사람들의 문제를 개인 차원에서만 이해하고, 개인이 영적으로 예수님을 만나 신비체험을 통해 치유된다고 믿어왔습니다. 이것이 그동안 보수적인 교회들이 가진 패러다임이었습니다. 하지만 예수님은 초월적 신비나 영적인 능력으로만 사람을 치유한 것이 아니라, 그가 처한 사회적 맥락을 먼저 이해했습니다.

예수님은 세관에 앉아있던 마태를 보고 소외자의 우울증 징후를 단박에 알아챘습니다. 뽕나무에 올라간 삭개오 역시 인격적으로 건강한 자아를 갖지 못한 자폐적 인간임을 꿰뚫어보았습니다. 그들은 사회적 관계가 파괴된 데서 오는 정신과적 질병을 안고 있었습니다. 또한 마가는 마가복음 6장에 나오는 귀신의 이름을 '레기온(군대)'이라고 합니다. 사람을 괴롭히는 귀신의 정체가 로마 군대의 군단을 말하는 레기온이라고 하는 것은 로마의 식민지였던 당대 팔레스타인에서 매우 위험한 정치적 발언이었습니다. 그런데도 예수님은 사람들이 병들고 귀신들린 원인이 제국의 폭력적 지배 구조 때문이라고 비유적으로 말합니다.

마가는 예수님을 통해 질병을 앓고 귀신이 들리는 원인이 개인에게 있는 게 아니라 그를 둘러싼 사회구조와 공동체가 처한 상황에 있다고 말했습니다. 이러한 진단을 의학에서는 사회역학이라고 합니다. '역학疫學'은 집단 내 질병과 감염의 상태나 변동을 연구하며 원인을 추적하는 의학 분야입니다. 전통적으로 역학조사가 질병 원인자의 감염 경로를 개인 간 접촉에 초점을 맞추었다면 최근에 와서는 그것의 사회적 원인을 찾으려 합니다. 그것이 바로 공중보건학입니다.

김승섭이라는 보건의가 질병의 사회적 원인을 규명하기 위해 살아온 내력을 저술한 책이 있습니다. 『아픔이 길이 되려면』입니다. 달달한 에세이 같은 제목과는 다르게 질병의 사회적 원인을 규명하기 위해 그가 전투적으로 살아온 삶의 궤적을 보여주는 책입니다. 의사가 썼지만 의학 서적이 아니라 하나의 에세이입니다. 그가 연구하고 참여했던 우리 사회의 약자들에 대한 질병 상태와 그것의 원인을 에세이로 써 내려갔습니다. 하지만 이 책은 하나의 역사서입니다. 이 책은 질병과 귀신 들림의 원인이 당대의 폭압적 지배 구조에 있다고 보았던 마가와 또 그것을 읽어낸 리처드 호슬리 같은 신학자를 떠올리게 합니다.

우리 이웃의 아픔에 대해 막연하게 동정하고 그들을 위해 기도하는 것만으로 그리스도인의 역할을 다했다고 할 수 없습니다. 고통받는 이들에게 '기도하면 들어주신다, 기도하라'라고 막연하게 권면해서는 안 됩니다. 가난과 아픔의 원인이 그들 개인의 무능 때문도 아니고 귀신이 역사해서도 아니기 때문입니다. 예수님은 공중보건학의 역학적인 진단을 통해서도 한 사람에게 닥친 고통의 참상을 이해하고자 했습니다. 그러한 이해와 노력이 없을 때 귀신 때려잡는 푸닥거리 하듯이 교회 안에 귀신놀이가 만연하게 됩니다.

국가도 이와 마찬가지입니다. 한 사람의 권력자가 냉철하고 합리적인 사고를 하지 못하고 무속적인 감성으로 세계를 보고 감정을 앞세우면 그 한 사람 때문에 온 국민이 귀신 들린 상태에 빠지게 됩니다. 마가복음 6장의 군대 귀신 이야기에 나오는 예수님은 오늘을 사는 우리에게 그런 인물이 권력을 잡게 해서는 안 된다고 말씀하십니다.

# 이세벨의
# 개들

지중해 연안에 위치한 시돈은 고대 페니키아의 상업 도시였습니다.
그 덕분에 아시리아, 바벨론, 페르시아, 그리스, 로마와 같은 제국의
침탈로부터 자유롭지 못했습니다. 한데 그들 역시 호전적인 기질로
주변의 약소국들에 침탈을 일삼았습니다. 이스라엘도 그 침탈 대상
중 하나였습니다. 그 때문에 이스라엘의 처지에서는 페니키아와 우호
관계를 구축해야 하는 외교적인 부담을 안고 있었습니다. 이때 가장
손쉽게 외교적인 관계를 풀어가는 방법이 왕가와 왕가 사이의 정략결
혼이었습니다.

솔로몬이 시돈의 공주와 결혼한 것은 바로 이런 정치 외교적 관계
때문이었습니다. 북이스라엘 아합 왕이 시돈의 공주 이세벨과 결혼한
것도 이런 정략적 차원에서였습니다. 하지만 솔로몬의 정략결혼은 이
스라엘의 분열로 나타났고, 아합의 정략결혼은 온 나라에 바알과 아
스다롯(아세라)의 신앙을 퍼뜨리며 하나님의 공의를 무너뜨리는 것으
로 나타났습니다. 고대사회의 종교는 정치와 직결되었기 때문에 시돈

의 공주들에 의해 유입된 종교는 이스라엘 정치를 오염시키기에 충분했습니다.

시돈은 해상과 육상이 만나는, 고도로 발달한 무역도시였습니다. 이런 도시에서는 대부분 물질에 대한 욕망을 충족시켜주는 재물신을 섬기는 종교가 대세를 이룹니다. 시돈의 주신인 바알과 아스다롯은 풍요와 재물의 신들입니다. 아스다롯은 주신인 바알의 아내로, 바알과 함께 아스다롯을 숭배하는 제사 의식에는 난잡한 그룹섹스가 행해졌습니다. 프레이저J.G. Frazer는 『황금가지』에서 페니키아의 이러한 종교 행태를 '신성한 매춘'이라고 말합니다. 아스다롯의 신전에는 신전 창기들이 다산과 풍요를 위한 종교적 매춘을 합법적으로 행하고 있었다는 것입니다. 남신과 여신인 바알과 아스다롯 상像 사이에서 교접하면 그들이 섬기는 신들이 보고 발정하여 성관계를 모방하게 될 것이기 때문에 가축의 다산과 곡물의 많은 수확을 기대할 수 있다는 믿음에 따른 것입니다.

바알 숭배는 여기서 그치지 않습니다. 재물신은 동류 인간에 대한 공감이나 사회적 정의 같은 데 관심을 갖지 않습니다. 그것의 궁극적인 목적은 재물을 얻고 다산과 풍요를 누리는 데 있습니다. 과정과 절차의 공정성이나 윤리적인 문제는 고려하지 않습니다. 목적이 모든 수단을 합리화시키기 때문입니다. 이것이 재물신이 가지고 있는 위험성입니다. 물질이 목적이 되면 인간은 그것을 위한 수단이 됩니다. 나에게 돈이 되고 이익을 가져다줄 수만 있다면 그 어떤 방법도 마다하지 않는 것이 재물신을 섬기는 자들의 위험성입니다.

아합 왕의 왕비였던 이세벨은 시돈 왕 엣바알의 공주였습니다. 엣바알은 바알의 사제라는 뜻입니다. 바알의 사제였던 그는 쿠데타를 통해 왕권을 차지했습니다. 돈과 권력을 위해서는 수단 방법을 가리지 않고 누구든 짓밟고 파괴해버리는 게 재물신을 섬기는 사람들의 속성이었습니다. 이세벨이 악명 높았던 것은 단순히 그가 바알 신앙을 퍼뜨려서가 아니라 재물신을 섬기는 자들의 이기적이고 포악한 속성을 그대로 드러낸 데 있습니다. 그 한 사례가 나봇의 포도원 사건입니다.

나봇의 포도원 사건은 악한 왕비가 선량한 백성의 재산을 불법으로 탈취한 단순한 사건이 아니었습니다. 그것은 서로 다른 두 세계관이 충돌한 사건입니다. 아합 왕이 자기 왕궁 앞에 있는 나봇의 포도원이 탐나서 거래를 요구합니다. 아무리 왕이라 하더라도 백성과의 정당한 거래는 이스라엘 사회가, 아니 하나님이 그들에게 명령한 공의의 법칙이었습니다. 하지만 나봇은 율법에 따라 조상이 물려준 땅을 돈 받고 팔 수 없다며 거절합니다. 토지를 매매의 수단으로 삼으면 안 된다는 율법은 사회정의를 위한 하나님의 명령이었기 때문입니다. 토지가 매매 수단이 되는 순간, 부와 권력을 가진 자들에 의해 토지가 독점되고, 가난한 자들이 그들의 노예가 될 수밖에 없다는 것은 고금의 역사를 통해 우리가 경험한 바입니다.

토지는 하나님의 것이라는 율법 전통을 나봇은 충실히 지키려 했던 것이고, 아합은 그것을 탐내었지만 정당한 방법과 절차를 통해 얻고 싶었던 것입니다. 이것이 이스라엘 사회가 가지고 있었던 하나님의 공의에 대한 이해였고 사회적 합의였습니다. 하지만 이세벨은 재물신의 사제답게 위증자를 내세워 재판을 열고 조작된 판결을 내려 나봇을 사형시켜버립니다. 그 후 그의 포도원을 빼앗아 남편에게 줍니다. 이세벨은 하나님의 공의에 정면으로 배치되는 탐욕과 이기심, 거짓과 폭력으로 자기 목적을 달성한 것입니다.

이때 이세벨의 거짓과 폭력에 침묵하며 동조한 장로들과 귀족들이 있었습니다. 이들은 하나님의 공의를 버리고 이세벨의 무법과 폭력 앞에 침묵하며 나봇의 억울한 죽음을 방기했습니다. 거짓과 폭력을 써서라도 목적만 달성하면 된다는 우상의 이데올로기에 오히려 동조하고 협력했던 것입니다. 그 덕에 이세벨의 밥상에서 떨어지는 부스러기를 먹을 수 있었습니다. 그렇게 유대 장로들은 이세벨의 개가 됐습니다.

다산과 풍요는 고대사회나 현대사회나 동일하게 나타나는 인간의 원초적 욕구입니다. 지금도 대통령 후보자들의 캐치프레이즈는 '경제 대통령'입니다. 교회 장로라는 이명박 씨는 대통령 선거에서 모든 국민을 부자로 만들어줄 것처럼 호도했습니다. 보수 기독교계는 장로 대통령을 만들겠다고 그를 열렬히 지지했습니다. 심지어 이명박을 안 찍으면 생명책에서 지워버리겠다고 설교하는 목사도 있었습니다. 그들은 장로 대통령을 만들려고 한 게 아니라 재물신 바알과 아스다롯을 지지했던 것입니다.

20대 대선에서 우리는 아합과 이세벨의 초상을 보는 듯했습니다. 그뿐만 아니라 그들에게 동조하며 진실에 침묵하는 이세벨의 개들도 함께 보는 듯했습니다. 신천지가 특정 정당의 대선 후보자와 동업 관계라는 사실이 밝혀진 마당에도 여전히 그를 지지하는 목사와 교인들이 있었습니다. 이들이 신천지를 싫어한 것은 이단이라서가 아니라는 걸 반증한 셈입니다. 사실 교회가 썩고 병드는 것은 교회 밖의 이단 세력 때문이 아니라 우리 안에 있는 이세벨의 개들 때문입니다.

# 애국심이라는
# 질병

"전쟁은 사기다."

미국의 전쟁 영웅 스메들리 버틀러의 말입니다. 그는 1898년 미 해병대 소위로 임관한 뒤 전 세계 전쟁터를 누비고 다니며 혁혁한 전공을 세웠습니다. 해병대 최고 훈장을 받고, 유일하게 미국 최고 훈장인 의회 명예 훈장을 두 번씩이나 받은 군인이었습니다. 또 최연소로 해병대 최고 계급인 소장에 진급하였습니다. 버틀러는 미국이 내세우는 가장 위대한 전쟁 영웅이었습니다.

그러나 전쟁 영웅인 그가 말년에 반전운동가로 전환합니다. 그는 일생 동안 전쟁터를 누비면서 경험한 결과, 전쟁이 철저하게 자본과 권력의 이해관계에 의해 만들어진 이벤트임을 알게 됐다고 말합니다. 미국의 군사 조직이 미국의 부유한 기업들을 위해 어떻게 이용됐는지 구체적 근거를 제시하며 고발합니다. 전쟁 지지자들이 전쟁의 당위성을 위해 어떻게 하나님을 이용했는지도 고발합니다. 전쟁은 권력과 자본의 공생관계가 만들어낸 야만이며 이 야만의 대열에 기독교가 어떻게 자기들이 믿는 신을 이용하는지 거침없이 폭로합니다.

버틀러의 외할아버지와 아버지는 펜실베이니아주 공화당 하원의원이었습니다. 정치적으로 보수적인 환경에서 자란 그는 영웅 칭호까지 얻었지만 그를 키워준 전쟁이 하나의 사기에 불과하다는 인식에 도달한 것입니다. 그는 퇴역 후 반전 평화운동을 주도하며 대중연설을 하였는데, 그의 주된 논조는 '전쟁은 사기다'였습니다. 그 연설문을 모아 『전쟁은 사기다』라는 책을 펴내기도 했습니다.

민주화운동으로 불타던 1980년대 대학가 대자보에서나 볼 수 있을 법한 격문이 이미 19세기 말 러시아의 대문호에게서 나왔습니다. 레프 톨스토이Leo Tolstoy입니다. 우리나라 사람들이 톨스토이를 소설가로만 알고 있는데, 아닙니다. 그는 소설가 이전에 사상가였습니다. 그것도 아주 급진적인 사상가였습니다. 그가 살았던 19세기 말, 진보적 지식인 세계에 아나키즘(무정부주의) 열풍이 불었습니다. 톨스토이는 아나키즘 대열에 합류한 게 아닙니다. 그는 애초부터 아나키스트의 영혼을 가지고 태어난 사람으로, 아나키즘을 옹호했지만 그들의 폭력 대응은 엄중하게 반대했습니다. 비폭력 평화 노선이 톨스토이가 지향하는 아나키즘이었습니다.

톨스토이는 모든 폭력의 근원에 국가가 있다고 말합니다. 정부의 토대는 폭력이고 군대는 정부를 대신하여 폭력을 행사하는 집단이라고 주장합니다. 정부가 존재함으로 인해 발생하는 다양한 폭력은 정부가 없을 때 발생하는 무질서에 비해 훨씬 크다고 말합니다. 권력 기관으로서의 정부와 그 정부를 유지하는 폭력 조직으로서의 군대가 기초하고 있는 이데올로기는 '애국심'이라고 주장합니다. 나아가 톨스토이는 애국심을 인간이 인간임을 망각하고 서로를 증오하고 살해하는 것을 정당화하는 끔찍한 질병이라고 말합니다. 또 이 애국심을 위해 기독교가 하나님을 이용하고 있다고 고발합니다. 이러한 톨스토이의 아나키즘 정신을 잘 보여주는 책이 『국가는 폭력이다』입니다.

버틀러는 전쟁 영웅이었고 톨스토이는 작가이자 사상가였습니다. 버틀러는 미국인이었고 톨스토이는 러시아인이었습니다. 버틀러는 미국의 보수적인 공화당을 배경으로 성장한 사람이고 톨스토이는 러시아의 격변기를 배경으로 급진적인 사상을 가진 사람이었습니다. 버틀러는 19세기 후반에 태어났고 톨스토이는 19세기 초반에 태어났습니다.

서로 다른 시대와 지역, 서로 다른 출신 배경을 가진 두 사람이 비폭력 평화주의라는 같은 길을 갈 수 있었던 기반은 무엇일까요. 그것은 바로 그리스도교 정신입니다. 버틀러의 집은 전통적인 퀘이커 가문입니다. 퀘이커의 그리스도교 전통이 그의 삶과 방향을 근본적으로 돌아보게 만든 배경입니다. 톨스토이의 아나키즘 근저에도 그리스도교의 정신이 깔려 있습니다. 그는 세계 만민이 하나님의 자녀라는 사실에 국경도, 민족도 없다고 말합니다. 그리스도의 정신에 따를 때 살인을 정당화하고 폭력을 용인하는 정부와 군대에 가담할 수 없다고 말합니다. 하나님의 이름으로 애국심을 강조하며 타민족과 타국인을 혐오하고 배제하는 것은 그리스도의 복음에 위배된다고 합니다. 군대라는 공인된 살인 집단에 동조하는 것은 그리스도의 가르침에서 벗어나기 때문이라고 합니다.

　나 역시 기회 있을 때마다 그리스도교 정신이 아나키즘에 있다고 말해왔습니다. 예수님의 삶의 궤적과 사역들에 나타난 태도들, 그리고 하나님 나라의 정의 가운데 아나키즘의 세계관이 깊이 내재해 있는 것을 봅니다. 성경을 교리적으로 읽는 것에서 조금만 자유로울 수 있다면 그 안에 있는 아나키즘을 볼 수 있습니다. 물론 19세기 후반에 등장한 아나키즘 사상으로 2,000년 전 그리스도의 가르침과 정신을 규정할 수는 없습니다. 하지만 아나키즘을 하나의 사상 체계로서가 아니라 시대와 인간에 대한 이해의 도구로 받아들일 수 있다면, 그것은 인간 정신에 오래전부터 뿌리내리고 있던, 인간에 대한 근원적 지향성으로 이해할 수 있습니다. 그런 점에서 보면 예수와 그의 가르침 가운데서 아나키즘을 찾는 것은 어렵지 않습니다.

　나는 우리 교회 어린이들이 애국심이라는 질병에 걸리지 않기를 바랍니다. 초롱초롱하게 맑은 눈을 가진 아이들, 때 묻지 않은 순수한 영혼에게 애국심을 심어주어 누군가를 혐오하거나 누군가의 자녀를 살해할 수 있는, 오염된 감정을 갖게 하고 싶지 않습니다. 하나님과 이웃 사랑의 계명을 가르치기보다 애국심을 강조하는 것은 하나님 앞에서 저지르는 끔찍한 범죄입니다. 하나님을 애국심의 도구로 사용해서는 안 됩니다.

　애국심은 국가 차원에만 있는 게 아닙니다. 자기가 지지하는 정당만 옳고 타 정당은 옳지 않다고 주장하는 진영 논리에도 있습니다. 내 신앙만이 정당하고 올바르다는 인식 가운데도 있습니다. 가문의 자랑과 자긍심 안에도 있습니다. 출신학교에 대한 자긍심 안에도 있습니다. 세상의 모든 남자는 잠재적 가해자라는 극단적 페미니즘 가운데도 있습니다. 교회 안에도 있습니다. 애국심이라는 질병은 어디에나 있습니다.

그리스도교는 애국심이라는 질병을 퇴치하는, 자기희생의 십자가를 진 신앙공동체입니다. 그리스도교는 종교가 아니라 시대의 질병으로부터 인간성을 보호하는 백신입니다. 애국심을 조장하는 교회나 목사가 있다면 그건 백신의 유효기간이 끝났거나 가짜 백신을 맞았다는 뜻입니다.

거짓말은 힘이 세다

## 사람들은 왜
## 잘못된 선택을 반복할까?

'명주 고르다 삼베 고른다'는 속담이 있습니다. 시장에서 좋은 물건을 사기 위해 고르고 고르지만 결과적으로 좋지 않은 물건을 선택하게 된다는 뜻입니다. 좋은 배우자를 선택하기 위해 이리저리 고심하며 시간만 허송하다 별 볼 일 없는 사람과 결혼하게 된다는 뜻이기도 합니다. 같은 뜻의 '너무 고르다 눈먼 사위 얻는다'는 속담도 있습니다. 이 말에는 인간의 인지능력의 불완전성이 함의되어 있습니다. 많은 시간을 들여다보고 만져보고서도 좋지 않은 선택을 하니 인간의 인지능력에 문제가 있다는 것입니다.

　사람은 자신이 최선의 선택을 한다 생각하는 순간에도 최악의 선택을 할 수밖에 없는 모순적인 존재입니다. 이는 우리에게 주어진 많은 정보가 최선의 선택을 할 수 있는 근거가 될 수 없다는 뜻이기도 합니다. 인간에게 중요한 것은 얼마나 많은 정보와 자료를 가지고 있느냐가 아니라 정보와 자료에 대한 분석 능력입니다. 그런데 그 분석 능력은 개인이 가지고 태어나는 능력이 아니라 한 사회가 가지고 있는 집단 논리입니다. 개인은 자기만의 고유한 정신 능력에 의해 생각하고 판단하는 게 아니라 집단의 논리에 따라가게 된다는 뜻입니다.

윤석열 씨를 지지하여 대통령을 만든 사람들이 얼마 지나지 않아 자기의 선택을 후회하며 지지를 철회하는 현상이 나타났습니다. 그런데 대선 과정에서 그들은 윤석열에 대한 많은 정보와 자료를 접할 수 있었습니다. TV 토론에서 그가 일반 시민사회의 상식과 교양에도 못 미치고 있음을 확인할 수 있었습니다. 그런데도 그들은 그 정보를 외면했습니다. 우리 사회는 이미 탄핵당한 박근혜 대통령과 최순실을 경험한 바 있습니다. 그런데 윤석열과 김건희를 또 선택했습니다. 그리고 또 후회합니다. 전두환을 경험한 사람들이 노태우를 선택하고, IMF로 경제를 파탄 낸 보수정당의 부도덕한 후보를 선택한 뒤에 또 후회합니다.

어떤 사실을 자기 이익에 따라 다르게 해석한 것을 진실이라고 착각하는 게 인간입니다. 어떤 의사는 대선 과정에서 윤석열이 국가 지도자의 자질을 갖추지 못한 사람이라는 사실을 알았지만 그에게 투표했다고 말합니다. 의사 단체의 이익을 위해서는 어쩔 수 없는 선택이었다고 합니다. 이런 경우는 그래도 괜찮습니다. 사회적 약자를 위해 자기의 이익을 포기하는, 그 거룩한 일은 목사들조차 하지 못하는 것이기 때문입니다. 문제는 잘못된 생각과 판단을 하면서도 그것이 진실이라고 믿고 지지하는 사람들입니다.

잘못된 판단과 선택을 할 수밖에 없는 인간의 근원적 모순, 성경은 이것을 '죄罪'라고 말합니다. 원죄原罪란 인간의 무능에 대한 은유입니다. 무능과 부조리한 인간에 대한 환원론적 인식이 바로 '죄'입니다. 모든 인간 현상을 근원으로 환원시킬 때 '죄'를 만나게 됩니다. 이런 측면에서 한나 아렌트Hannah Arendt가 말한 '악의 평범성(예루살렘의 아이히만)'은 모든 인간은 다 악하다는 말로 환원될 수 있습니다. 그렇습니다. 우리가 잘못된 판단과 잘못된 선택을 반복하는 것은, 인간이 불완전한 존재이기 때문입니다. 불완전성으로 인해 의도하지 않게 나타나는 인간 행위의 결과가 바로 '죄'입니다. 그러므로 모든 인간은 다 죄인입니다. 행위의 결과로써의 죄가 아니라 불완전한 존재에 이미 죄가 내재해 있는 것입니다. 죄는 행위의 결과이기 전에 죄의 행위를 할 수밖에 없는, 인간 안에 내재한 모순입니다. 그래서 우리는 박근혜 씨를 대통령으로 뽑아놓고 그를 탄핵하고 윤석열 씨를 대통령으로 뽑아놓고 후회합니다.

우리는 윤석열 대통령이 단기간에 국가의 시스템을 망가뜨리고 후진국 수준으로 추락시키는 것을 경험하였습니다. 하지만 그로 인해 나라가 망한다 하더라도 우리는 그와 같은 대통령을 또 뽑게 되어 있습니다. 인간의 불완전함이 또 다른 악을 선택할 수밖에 없기 때문입니다. 오직 자기가 생각하고 선택하는 것만이 진실하다고 믿는 인간의 속성 때문입니다.

이러하듯 사람들은 잘못된 선택을 반복할 수밖에 없습니다. 성경은 그것을 '죄' 때문이라고 말합니다. '죄'라는 말을 싫어한다면 이렇게 말해도 되겠습니다. 사람이 이런 선택을 반복하는 것은 인간이기 때문이라고. 인간은 원래 그런 종족이라고. 우리가 우주선을 타고 달

나라에 가고 제임스 웹 우주망원경으로 우주의 먼 곳을 볼 수 있는 기술과는 무관하게 인간은 원래 판단과 선택에 있어 무능하고 멍청하다고. 그래서 좋은 머리를 가지고 스스로 멸망해가는 존재라고.

그래서 구약성경 시편 기자는 인간에 대해 이렇게 말합니다.

"사람은, 멸망하는 짐승 같도다." (시편 49편 12절)

# 선거와 기독교와
# 신화

"장판은 잔치 뒷마당같이 어수선하게 벌어지고, 술집에서는 싸움이 터져 있었다. 주정꾼 욕지거리에 섞여 계집의 앙칼진 목소리가 찢어졌다."

"징이 울린다 막이 내렸다
오동나무에 전등이 매어 달린 가설무대
구경꾼이 돌아가고 난 텅 빈 운동장
우리는 분이 얼룩진 얼굴로
학교 앞 소줏집에 몰려 술을 마신다"

위 두 글은 이효석의 단편소설 「메밀꽃 필 무렵」과 신경림 시인의 「농무」 서두 부분입니다. 한국 현대문학을 대표하는 두 작품에 나타난 장날의 저물녘 파장과 학교운동장에서 벌어지는 풍경은 을씨년스럽습니다. 시골 오일장은 물물교환이 이루어지던 고대와 화폐경제가 만

개한 근대의 경계 지점에 있었습니다. 그런데 시골 장터는 상품이 교환되고 화폐가 유통되는 곳으로서보다 사람이 모여 흥성거리는 축제 분위기가 더 압도하는 곳이었습니다. 시골 오일장은 한 마디로 잔치 마당이었습니다. 그 잔치가 끝나고 난 뒤의 쓸쓸한 풍경을 이처럼 잘 묘사한 것은 없을 것입니다.

선거는 민주주의 국가에서 행하는 가장 큰 민의의 잔치입니다. 선거는 잔치판입니다. 시민과 각각의 진영, 혹은 정당을 대표하는 후보자들이 벌이는 축제입니다. 잔치가 끝나고 나면 각각의 일상으로 돌아가야 합니다. 그런데 선거 잔치는 승자와 패자가 극명하게 나뉘고 그들을 앞세운 각각의 진영은 그 결과에 따라 기쁨과 절망이 교차합니다. 선거가 끝난 뒤에도 SNS에는 이에 대한 논쟁이 일정 기간 난무합니다.

우리나라 선거판을 지배하고 있는 것은 합리적 사고와 논리가 아니라 신화적 논리에 가깝습니다. 이를 프랑스의 인류학자 르네 지라르René Girard가 생산한 몇 개의 상징어들로 비추어보면 '희생양', '집단 폭행', '군중 현상', '모방 전염' 같은 것들입니다. 이 말들을 도구로 지라르는 신화 분석을 합니다.

지라르는 서구 제국주의의 폭력을 고대사회의 제의에 있었던 식인 풍습의 연장으로 보았습니다. 인간사회는 고대로부터 어떤 유형의 갈등이 보편적으로 존재하고 있었는데 이를 해결하기 위해 집단적 폭력이 일어났고, 이 집단 폭력에 의해 타자화되는 게 희생양이라고 말합니다. 이 희생양에 가해지는 집단 폭력은 모방 사이클을 통해 반복됩니다. 이것을 지라르는 '모방 전염'이라고 합니다. 그리고 이렇게 폭력에 전염된 사회를 '신화를 만드는 사회'라고 정의합니다.

기득권 정당에서 검찰을 동원해 특정 정치인이나 정당에 구체적 혐의점도 없이 기소와 압수수색, 영장 발부를 하면서 언론을 동원해 그 혐의가 사실인 듯 반복해서 기사를 쓰게 하면 사람들은 구체적인 정보나 사실 확인 없이도 가해 집단의 일원이 되기 쉽습니다. 이것이 현재 우리나라 선거판에서 일어나고 있는 사태이며 지라르가 말하는 모방 전염입니다. 특정 정치인을 타자화하고 희생양으로 삼아 집단 폭력을 가하는 데 사용하는 이념적 도구들은 많습니다. 공산주의, 페미니즘, 지역주의, 종교 같은 것들이 선거에 쓰이는 폭력의 도구입니다.

지라르는 "신화는 박해자에게는 죄가 없고 희생물한테 죄가 있다고 표현함으로써, 진실을 완전히 뒤바꾼다"고 말합니다. 희생양에게 죄를 전가하여 자신들의 폭력을 정당화하고 찬양하는 사회, 폭력을 성스럽고 숭배할 만한 것으로 칭송하는 사회의 '신화적 폭력'은 '군중 현상'을 동반한다고 말합니다. 우리나라 정치판에서 나타나는 현상입니다.

예수님을 따르던 무리가 빌라도 법정에서 갑자기 돌변하여 십자가에 못 박으라 고함치는 장면을 어떻게 이해해야 하는지를 시작으로 성경에 의구심을 품었던 크로산John Dominic Crossan의 『성경을 어떻게 읽어야 참 그리스도인이 되는가』도 이러한 군중 현상에서 신화적 폭력성을 봅니다.

노무현, 노회찬, 박원순, 조국, 세월호, 이태원 참사 들은 다른 사건인 것처럼 보이지만 같은 구조에서 발생한 사건들입니다. 신화를 만드는 사회의 신화적 폭력에 의해 생산된 희생양들입니다. 이 희생양들은 검찰, 재벌, 언론의 카르텔이 만들어낸 신화적 폭력의 결과들입니다. 신화는 폭력을 은폐하고 가해자들을 정당화시킵니다. 여기서 희생양에게 도덕적 혐의를 뒤집어씌우고 폭력을 가하는 세력이 있고, 그 폭력을 정당화하고 칭송하며 신화를 써서 조력하는 세력이 있습니다. 한국 사회에서 후자는 언론이며 '카톡교'라고 조롱받는 보수 교회들입니다. 기득권 정치 세력이 거짓을 말하면 언론이 이를 진실인 것처럼 보도하고 보수 교회들이 이를 하나님의 이름으로 진실임을 확증시켜줍니다.

선거 때마다 나타나는 기득권 세력과 언론, 보수 기독교의 일치단결된 힘은 가해자의 거짓과 폭력성을 은폐하고 희생양에게 혐의를 확증하여 도덕적 비난을 쏟아붓는 것으로 신화를 씁니다. 뉴스를 생산하지 않는 포털(다음, 네이버)들조차 뉴스의 순위와 노출 빈도를 조작해 신화를 쓰는 데 가담합니다. 이들은 선거판에서 신화를 만들어내는 데 능숙합니다. 그래서 마이너리티 정당은 민주주의라는 합법적인 제도 안에서 합법적으로 선거를 치르는 게 아니라 신화와 싸우는 형국이 되었습니다.

지라르는 복음서가 신화와 다른 점에 대해 "집단 폭력을 정확하게 있는 그대로 표현한 것"이라고 말합니다. 그리고 그것은 "신화가 폭력에 부여한 긍정적인 의미를 거부하"는 데 의미가 있다고 합니다. 지라르의 말대로라면 예수님을 믿고 따르는 기독교인은 신화적 폭력을 꿰뚫어보고 그것을 거부해야 합니다. 하지만 우리는 여전히 누군가가 만들어놓은 신화 안에서 희생양의 피에 취해 있습니다. 예수님의 피가 대속적 구원의 피 이전에 부도덕한 사회가 가한 집단 폭력의 산물이라는 점을 생각하지 않기 때문입니다. 기독교는 폭력 신화의 세계를 바로 보지 못하는 한 빌라도의 법정에 선, 사악한 고발자일 수밖에 없습니다.

지라르는 신화가 고대사회의 이야기가 아니라 인간사회에 끊임없이 반복되는 폭력의 사이클이라고 말합니다. 우리나라 근현대사는 검찰, 언론, 보수 기독교의 카르텔이 폭력의 신화를 생산해왔습니다. 이 폭력의 사이클이 영원할 수는 없습니다. 당나라 초기에 전국 종교가 되었던 네스토리우스 기독교가 역사에서 흔적도 없이 사라졌습니다. 경교景教라 불리었던 이들이 왕실의 권력과 너무 밀착해 있었기 때문입니다.

# 민주주의는
# 항상 옳은가?

민주주의가 사람을 죽였습니다. 그것도 가장 지혜로운 한 사람의 현자를 무고하게 살해했습니다. 정치가 사람을 죽인 것입니다. 개인을 죽인 게 아니라 사회적 인간을 죽인 것입니다. 생물학적인 몸을 죽인 게 아니라 지성과 영혼을 죽인 것입니다. 그의 이름은 소크라테스였습니다.

고대 아테네에는 도편추방제가 있었습니다. 시민들이 깨어진 도자기 파편에 참주(독재자)가 될 위험인물의 이름을 써내면 가장 많은 이름이 나온 사람을 아테네에서 추방하는 제도였습니다. 독재를 방지하기 위한 민주적인 방법이었습니다. 이것은 시민들이 직접 참여하는 직접민주주의의 원형(archetype)입니다. 참주의 등장을 막고 민주주의를 수호하는 중요한 제도였지만 죄 없는 사람에게 혐의를 뒤집어씌우는 데도 악용되었습니다. 아이러니하게도 소크라테스를 죽음으로 내몬 것은 아테네의 민주주의였습니다.

젊은 플라톤은 정치에 입문하여 국가와 사회를 변혁하려는 열망이 있었습니다. 하지만 스물여덟 살의 플라톤은 스승의 죽음을 비통하게 지켜본 뒤 정계 입문을 포기하고 철학자의 길로 들어섭니다. 정치로는 한 사회를 올바르게 이끌 수 없다는 판단 때문이었습니다. 하지만 젊은 그는 여전히 인간과 사회에 대한 열망을 버리지 못합니다. 그는 스승의 입을 빌려, 한 나라가 정의롭고 평등하기 위해서 어떤 정치체제가 필요한지에 관한 책을 씁니다. 『국가』입니다. 이 책의 그리스어 원제목은 *Politeia*로 정체政體, 곧 정치체제를 말합니다.

이 책은 국가를 운영하는 정치인들에 관한 얘기를 넘어서 인간의 본성에 관한 얘기이며 국가를 건강하게 이끌기 위한 태도로써의 정의에 관한 담론입니다. 국가가 정의로워야 한다는 점을 전제로 하고, 정의로운 국가와 사회를 위해 올바른 삶을 사는 사람이 정치인이 되어야 한다고 말합니다. 불의한 자는 무지하며 자기 이익만을 추구하고, 이런 자들은 내분을 조장하기 때문에 정치를 하면 안 된다고 플라톤은 주장합니다.

또한 플라톤은 인간을 세 가지 유형으로 나누는데, 지혜를 사랑하는 자, 명예를 사랑하는 자, 이익을 탐하는 자입니다. 그는 이 중 지혜를 사랑하는 자가 정치를 해야 한다고 주장합니다. 지혜와 경험과 이성에 근거한 판단이 가장 합리적이고 정확하기 때문이라는 것입니다. 이것이 그의 철인정치론哲人政治論입니다. 철학자란, 지혜를 사랑하는 사람입니다. 그는 합리적인 생각과 명석한 판단력, 수사학적 문답에 능한 사람입니다. 그런 사람이 나라를 통치할 때 정의가 실현되고 평화가 찾아온다고 플라톤은 말합니다. 반대로 한 나라의 가장 불행한 사태는 독선적이고 이기적인 인간이 정치 지도자가 될 때라고 합니다.

플라톤은 자기 스승의 억울한 죽음을 바라보면서 정치의 비열함을 함께 보았습니다. 민주주의의 모순을 본 것입니다. 그가 근원적으로 보게 된 것은 체제로서의 국가가 아니라 그 체제를 작동시키는 사람이었습니다. 체제가 정치의 하드웨어라면 정치인은 그것의 소프트웨어입니다. 그는 민주주의가 중요한 게 아니라 민주주의를 작동하는 원리로서의 지혜, 곧 철학이 중요하다고 본 것입니다. 철학이 없는 정치의 무지와 광기를 그는 스승의 죽음을 통해 목도한 것입니다.

이런 까닭에 그는 스승의 죽음 앞에서 '민주주의는 항상 옳은가' 질문을 했던 것입니다. 민주주의가 옳은 체제가 되려면 그것을 작동하는 원리로서의 정치 철학이 올바르고 건강해야 합니다. 그것은 소수의 무리나 특권 세력이 자기 이익을 위해 권력을 사적으로 남용하지 않는, 건전한 상식과 합리적인 판단력에 기초합니다. 민주주의라는 체제는 인간을 위한 수단과 도구에 불과합니다. 민주주의는 그 자체만으로 목적이 될 수 없습니다. 그러므로 사법司法은 민주주의라는 이름으로 한 사람의 죄 없는 시민을 살해하는 부도덕한 판결을 내리지 않도록 해야 합니다. 민주주의는 정의에 기초해야 하고, 정의는 선善에 대해 교육받은 인간에게서 나올 수 있습니다. 이 교육의 문제에서 그 유명한 동굴 우화가 등장합니다. 이것이 플라톤의 정치에 관한 생각입니다.

선거철만 되면 말이 많고 시끄러워집니다. 좋은 일입니다. 원래 민주주의란 시끄러운 제도입니다. 각자의 견해와 생각을 맘껏 표출하는 자유의 풍성함이 있는 사회적 축제가 바로 선거입니다. 조용한 선거보다 시끄러운 선거가 더 민주적입니다. 하지만 합리적 이해와 판단에 앞서 혐오와 배제를 통해 사회적 갈등을 조장하는 것은 야만적인 일입니다. 야만으로부터 한 걸음 물러서서 조용히 묵상하듯 선거철에 읽기 좋은 책이 플라톤의 『국가』입니다.

그리스어 원전을 직역한 것으로 박종현 선생이 서광사에서 출간한 『국가·政體』와 천병희 선생이 도서출판숲에서 펴낸 『국가』가 있습니다. 나는 개인적으로 직역과 의역 사이에서 정확한 의미를 찾으려 노력한 천병희 선생의 책이 읽기 좋았습니다. 또 이 책은 글자가 크고 행간이 넓어 노안이 찾아온 중장년 이상의 사람이 읽기 편할 뿐 아니라 우리말의 문법적 구조에 맞추어 이해가 쉽고 재미있습니다. 선거철에 이런 정치철학서 한 권 읽는 것도 축제를 즐기는 또 하나의 방법일 수 있습니다. 읽다 보면 플라톤이 철학자 이전에 얼마나 뛰어난 이야기꾼인지 무릎을 치게 될 것입니다. 그는 탁월한 이야기꾼입니다.

# 거짓말은
# 힘이 세다

"떡 하나 주면 안 잡아먹지~"로 기억되는 전래동화가 있습니다. 어린 남매를 키우며 떡장수로 연명하는 가난한 엄마 얘기입니다. 과부 엄마는 장에서 늦은 시간까지 떡을 팔고 집으로 가던 중 호랑이를 만나, 떡 하나 주면 안 잡아먹는다는 속임수에 떡도 다 빼앗기고 급기야는 목숨까지 잃고 맙니다. 호랑이는 그에 만족하지 않고 그의 어린 남매들까지 잡아먹기 위해 집으로 가서 촌극을 벌입니다. 이 비극적인 이야기는 해학적인 장면을 연출하며 해피엔딩으로 끝납니다.

이 이야기는 오누이가 온갖 위협을 넘어 해와 달이 됐다는 설화적 요소를 제거하고 역사적 사실성만 남겨놓으면 아주 끔찍하고 잔혹한 스토리가 됩니다. 말 그대로 '정치적으로 올바른 베드타임 스토리'를 보게 되는 것입니다. 설화와 문학의 언어가 비유와 상징이라는 점을 고려하여 그것의 원관념을 상정하면 끔찍한 민중의 역사가 알몸을 드러냅니다.

이 이야기는 설화적 상상력이 가미된 메타포입니다. 이야기 안에는 원 이야기로써 호랑이로 상징되는 탐관오리의 수탈이 있습니다. '목구멍이 포도청'이라는 말이 생겨날 만큼 탐관오리가 백성을 가혹하게 수탈한 것입니다. "떡 하나 주면 안 잡아먹지~"라는 호랑이의 말은 포도청으로 상징되는 당시의 검찰과 경찰 권력이 민중을 가혹하게 수탈하고 벌하는 과정에 대한 은유로 볼 수 있습니다. 엄마의 죽음 과정에서 해학성을 벗기고 보면 빼앗기고 헐벗고 굶어 죽어가는 당대 민중의 모습을 볼 수 있습니다.

아버지는 군역을 나갔다가 전쟁으로 죽거나 공납금을 못 내 맞아 죽었을 것입니다. 과부가 된 여인은 떡장수로 어린 두 남매를 근근이 먹여 살립니다. 이 당시 중민가의 과부 인권은 사회적으로 보장받을 수 없었습니다. 여색을 탐하는 마을의 호색한들이 호랑이처럼 달려들어 떡을 빼앗아 먹듯이 정절을 빼앗는 일이 빈번한 시대였습니다. 가난하고 힘없는 여인을 노리는 호랑이 같은 남자들이 한둘이 아니었을 것입니다. 사회적 안전장치가 없는 그때, 홀로된 여인은 떡 하나씩 던져주듯 생명을 연장하다 결국 처참한 종국을 맞을 수밖에 없었던 것입니다. 그것이 굶주림이든지, 남정네들의 성적 노략질이든지, 아니면 관아의 폭정이든지 그들은 그렇게 죽어갔던 것입니다. 어린 자식들은 길바닥에 나앉거나 각설이패 같은 데 끼어 비렁뱅이로 살다가 배고파 죽거나, 맞아 죽거나, 풍토병에 걸려 죽었을 것입니다.

하지만 이야기는 이러한 비참한 현실에 설화적인 상상력을 가미하여 비극성을 은폐합니다. 그리고 눈물 없이 들을 수 없는 어린 남매의 죽음을 천상의 세계로 승화시켜 해와 달이라는 영원한 시간 속에 빛나게 합니다.

이 이야기의 플롯을 구성하는 중요 기재는 거짓말입니다. 호랑이는 엄마를 처음 만났을 때 "떡 하나 주면 안 잡아먹지~"라고 하지만 떡을 받아먹을 때마다 약속을 번복하고 계속 떡을 요구합니다. 약속을 어겨가며 계속 위협을 가하다가 마지막에 가서는 결국 엄마를 잡아먹는 파렴치한 모습을 보입니다. 호랑이의 탐욕은 여기서 그치지 않고 과부의 집에 가서도 어린 남매에게 계속 거짓말을 합니다.

이 이야기의 인물과 사건을 연결하는 것은 거짓말입니다. 호랑이는 거짓말을 합니다. 아니 호랑이로 상징되는 파렴치한 권력은 거짓말로 국민을 속입니다. 하늘에서 내려오는 동아줄이라는 초현실적 구원 수단이 없으면 가난한 편부모 가정의 어린 남매는 호랑이의 밥이 될 수밖에 없습니다. 하지만 우리에게 초현실적 구원의 수단이 기적적으로 늘상 따라다니진 않습니다. 초현실적인 구원보다 현실의 거짓말이 더 힘이 셀 수밖에 없습니다.

20대 대통령 선거를 치르는 과정에서 보수적인 기독교인들은 야당 대통령 후보에 대해 반감과 분노가 많았습니다. 그들이 분노한 이유는 대충 이런 것들입니다. 입만 열면 거짓말, 빨갱이, 부정부패, 전과 4범, 형수 욕설 같은 것들입니다. 대부분이 거짓말입니다. 그런데 사람들이 왜 거짓말을 그토록 확증적으로 받아들였는지를 생각해보면 이유는 간단합니다. 정보를 통해 진실을 이해하기보다 이미지를 보기 때문입니다. 그렇습니다. 정보가 중요한 게 아니라 이미지가 그들에겐 더 중요했습니다. 그런데 이미지는 거짓말을 합니다. 그래서 나쁜 정치인은 사람을 속이는 거짓말을 할 때 정보를 사용하는 게 아니라 이미지를 사용합니다. 이미지만큼 거짓말을 잘 포장하는 것은 없기 때문입니다.

20대 대선은 거짓말 선거였고 이미지 선거였습니다. 우리의 삶을 통찰하고 진실을 말하는 사람보다 뻔뻔하게 자기 치부를 상대방에게 뒤집어씌워 거짓말을 한 사람이 승리했습니다. 대통령 후보 개인의 승리가 아니라 거짓말하는 자들의 뻔뻔함이 집단 차원에서 승리한 것입니다. 그 집단에 신천지와 보수 개신교와 무속이 서로 손을 맞잡았습니다.

신천지를 이단이라 하던 교회들이 신천지를 비호하고 그 대가로 그들과 정치적 커넥션을 맺고 있는 후보자를 지지하였으니 반 신천지로 똘똘 뭉쳐 정통을 강조하던 그동안의 주장들이 다 거짓말이 되었습니다. 거짓말은 힘이 세지만 그 힘이 자기를 향할 때는 자기를 무너뜨리는 파괴력을 갖게 됩니다.

# 귀신과
# 싸우다

기독교인 중에 간혹 귀신이 없다고 말하는 이가 있습니다. 하지만 성경에는 많은 귀신이 등장합니다. 한 사람의 인격에 숨어들어 그의 인격을 파괴하는 귀신도 있고 한 사회의 체제를 통해 무질서와 혼란, 전쟁을 일으키는 체제 귀신도 있습니다. 마태복음 4장에 예수님의 소문을 듣고 많은 사람이 치료를 위해 병자들을 예수께 데리고 왔는데 이들 중에는 귀신 들린 사람도 포함되어 있었습니다. 곧 정신과적 질병의 원인을 귀신의 장난으로 보았고 그것을 질병으로 진단한 것입니다.

계시록은 로마 황제를 귀신으로 보고 있습니다. 로마라는 제국의 체제를 통해 사람을 괴롭히는 체제 귀신 말입니다. 이같이 성경에는 귀신 얘기가 많습니다. 예수님이 귀신과 대적하는 장면들을 보면 예수님이 귀신을 싫어한다기보다 귀신이 예수님을 싫어하는 태도가 더 역력합니다. 귀신이 예수님의 정체를 귀신같이 알아본 것입니다.

미국의 정신과 의사이며 상담심리학자인 스캇 펙Morgan Scott peck 은 자신이 임상에서 만난 정신병 환자들을 통해 인간 속 '악령'의 실체를 보게 됩니다. 기독교인이 아닌 그가 자신의 환자들과 상담하면서 보게 된 악惡의 형태는 '거짓'이었습니다. 타인에 대한 분노와 적개심, 편견, 거짓말 같은 현상의 심층에 있는 악의 세력을 본 것입니다. 그에 의하면 악의 세력은 개인을 장악하고 그를 통해 주변부를 무질서하게 더럽힙니다. 그 악의 세력이 집단화될 때 파괴력은 매우 커집니다. 스캇 펙은 정신과 의사로 환자들을 상담하면서 얻게 된 인간의 정신 구조를 책으로 펴냈는데, 『거짓의 사람들』입니다.

이 책은 7장으로 구성되어 있는데 5장과 6장은 '집단 악'에 대한 부분입니다. 사실 이 집단 악에 대해 최종적으로 말하기 위해 그는 3분의 2나 되는 앞부분의 챕터를 도입부로 활용하고 있습니다. 그가 궁극적으로 말하고자 하는 것은 개인에 내재한 악령이 아니라 한 사회나 국가, 지역, 또는 집단에 나타난 악령입니다. 그는 6장에서 집단 악의 원인 중 하나를 전문화에 있다고 진단합니다. 개인적으로 성숙하고 인격적인 사람들이 집단에 편입될 때 자기도 모르게 악을 행하게 되는 현상을 그는 집단의 전문성이 가지고 있는 '집단 미성숙'에서 찾습니다. 집단이 개인보다 훨씬 원시적이고 미성숙할 수 있는 원인이 전문화에 있다고 본 것입니다. 집단 내 개인들의 역할이 전문화될수록 개인이 도덕적 책임을 집단의 다른 부분에 전가할 수 있기 때문입니다. 이 과정에서 개인은 양심이 해야 할 일을 집단에 위임해버리게 됩니다.

스캇 펙의 이 주장에 따르면 우리나라 검찰의 행태와 논리가 악령의 역사라고 이해할 수 있습니다. 합리적 사고와 양심에 따른 판단을 왜곡시키는 힘이 법률 전문가 집단에서 발생하기 때문입니다. 윤석열 대통령 취임 이후 그를 지지했던 사람들은 그가 이렇게 형편없는 사람이었다는 사실에 놀랐다는 말을 많이 했습니다. 그렇게 무능하고 무지한 사람이 한 나라의 검찰 권력을 장악하고 칼날을 휘두를 수 있었던 것은 그의 법률적 전문성과 그것으로 뭉쳐진 검찰의 집단 체제가 그의 무지를 덮어주었기 때문입니다.

그런데도 윤석열 대통령에 대한 지지도가 30퍼센트 내외로 유지된 것은 그가 어떤 사람인가에 대한 이해나 판단이 아니라 그가 어떤 집단에 속해 있는가와 그가 가진 법률적 전문성에 대한 신뢰 때문입니다. 이런 신뢰가 가능한 것을 스캇 펙은 그 집단 안에 귀신이 살아 움직이고 있기 때문이라고 말합니다.

20대 대선에서 건설 토건족들의 비리가 화천대유를 통해 터져 나오는데도 여전히 '화천대유는 누구 것입니까?'라고 뻔뻔하게 거짓 선전하는 사람들이 있었습니다. 스캇 펙은 바로 이러한 현상 안에 귀신이 있다고 말한 것입니다. 곽상도 의원의 아들이 50억의 퇴직금을 받은 사실을 두고 성과급이라 했다가 산재 위로금이라고 말을 바꾸는 거짓들이 사실은 사람이 하는 일이 아니라는 뜻이기도 합니다. 스캇 펙에 의하면 다 귀신이 하는 짓이며 그들은 사람처럼 보이지만 사실은 귀신들이라는 것입니다.

귀신은 자기를 사람처럼 보이게 하는 재주가 있습니다. 기독교인들도 자주 귀신에게 속습니다. 아니, 예수님을 믿는 사람들이 귀신에 더 잘 속아 넘어갑니다. 그래서 그리스도의 이름으로 장로 귀신을 뽑았던 적도 있습니다. 목사들도 귀신을 알아보지 못하고, 그 귀신을 열렬히 지지했습니다. 19대 대선에도 장로 귀신이 대통령 후보로 출마했습니다. 처음엔 전도사 귀신으로 행세하다가 총리 요셉 귀신이었다가 다시 장로 귀신으로 가면을 바꾸어 쓰고 백주에 대로를 활보하고 다녔습니다.

예수님이 거라사 지방에서 쫓아낸 군대 귀신은 그 수효가 군대처럼 많아서 군대 귀신이라 합니다. 그런데 지금도 군대 귀신이 우리 사회를 어지럽히고 있습니다. 진실을 오염시키고 거짓으로 선동하며 여론을 조작합니다. 유튜브로, 카톡으로, 포털로, 종이신문과 TV 채널로 거짓을 확대재생산하고 있습니다. 거짓을 믿는, 군대 귀신 들린 사람들이 있기 때문에 귀신이 활개를 치는 것입니다. 특히 선거철만 되면 그 귀신들은 교회와 교인들을 숙주로 하여 맹활약을 펼칩니다. 대한민국 선거판은 여야가 싸우는 게 아니라 귀신과 사람이 싸우는 전쟁터인 셈입니다.

# 누가
# 왕인가?

신약성경의 주제를 단순하게 압축하여 말하면 '누가 왕인가?'라는 질문입니다. 물론 그 대답은 예수로 귀결됩니다. '예수님이 왕이다'입니다. 역사적으로 수많은 제국의 틈바구니에서 몸살을 앓아야 했던 이스라엘은 제국의 무시무시한 폭력에 짓밟혀야 했습니다. 특히 1세기 팔레스타인을 식민 통치하고 있던 로마의 황제들은 가공할만한 위력을 가진 자들이었습니다. 강력한 군대를 거느린 로마 황제는 스스로 신격화하기까지 하였습니다. 신의 지위에까지 오른 그들의 왕은 잔혹하고 무자비하였습니다.

이 역사적 상황에 등장한 분이 예수입니다. 예수님의 등장은 1세기 팔레스타인의 정치 지형 가운데서 볼 때 가장 잘 이해될 수 있습니다. 예수님이 정치와 무관한 것처럼 보이지만 사실은 가장 정치적인 상황 가운데 등장했고, 정치적으로 탄압받고 정치적으로 죽임을 당했습니다. 복음은 이런 정치적 맥락 가운데 선포됐습니다. 예수님이 선포한 하나님 나라는 로마 황제(시저)의 나라에 대한 전면 도전이었습니다.

진정한 권력은 시저에게 있는 게 아니라 하나님께 있으며 시저가 통치하는 나라는 진정한 나라가 아니라, 하나님 나라가 진정한 나라라고 선포하였습니다. 그리고 왕이나 귀족, 군인, 사제들이 그 나라의 주인이 아니라 가난한 사람들, 죄인들이 그 나라의 주인이라고 가르쳤습니다. 복음은 그 자체로 급진적인 정치 사건이었습니다.

왕으로 오신 예수로 시작하는 마태복음에서부터 세상의 왕들을 심판하실 우주적 왕으로 재림하실 예수님을 그린 계시록까지, 모두 예수님이 진정한 왕이라고 선포합니다. 신약성경의 많은 부분을 차지하는 서신서들 역시, 왕으로 오신 예수님을 증언하는 내용으로 압축할 수 있습니다. 그러므로 1세기 팔레스타인 지형에서 예수님이 왕이라는 진술과 증언들은 정치적 사건이었습니다. 간혹 기독교인들, 특히 교회 지도자들이 기독교와 정치가 전혀 무관한 것처럼 호도하며 순수한 신앙을 주장하는데, 이는 성경을 한쪽으로만 읽었기 때문입니다. 성경과 예수님은 결코 비정치적이지 않습니다.

구약성경 역시 정치적 맥락에서 쓰인 것입니다. 이스라엘 백성이 바로Pharaoh의 정치적 압제로부터 자유를 향해 탈출을 감행한 것이나, 사막 가운데서 십계명과 법률이 공포되는 과정은 정치적 사건들이었습니다. 역사서에 등장하는 수많은 왕에 대한 이해와 평가 역시 정치적인 메커니즘 안에서 이루어졌습니다. 예언서의 극적인 세계 인식 또한 국내 정치는 물론 외교와 관련된 상황으로부터 나왔습니다. 다만 그 정치 메커니즘이 하나님의 공의로 작동하는가가 이해와 평가의 기준이 된 것입니다.

하나님은 비정치적인 것을 원하지 않았습니다. 오히려 정치적인 것을 원했습니다. 하나님의 공의(체다카)는 이스라엘 사회를 향한 정치적 관심으로부터 출발합니다. 그러니 기독교 신앙을 비정치적인 것으로 호도하며 신앙의 순수성을 주장한다면 그것은 기독교의 근본 사상과 신앙에 대한 오해에서 비롯된 것입니다. 이것은 마치 문학과 정치가 무관한 것처럼 호도하며 현실과 동떨어진 낭만주의를 꿈꾸던 순수문학 주창자들과 다를 바 없습니다. 비정치적인 것은 세상에 하나도 없습니다. 다만 비정치적인 것을 순수한 것이라 주장하는, 정치적 의도를 가진 사람들이나 그들의 주장에 오염된 사람들이 있을 뿐입니다. 건강하고 올바른 신앙은 비정치적인 게 아니라 정치적이어야 하며 정치적일 수밖에 없습니다. 다만 그것이 하나님의 공의를 향하고 있는가에 관심을 집중해야 합니다.

우리나라 기독교인들은 정치와 종교는 무관해야 한다고 생각하면서도 기독교인이 정치를 하게 되는 것을 사회를 복음화할 수 있는 길이라고 생각하는 경향이 있습니다. 선거 때마다 장로 대통령, 기독교 정당 같은 구호가 등장하는 것은 그 때문입니다. 신앙은 정치와 무관해야 한다 하며 신앙의 순수성을 주장하던 사람들의 기저에 보수적인 정치는 사회 복음화라는 이름으로 용인될 수 있다는 생각이 잠재된 것입니다. 하지만 진보적인 정치는 좌파이기 때문에 용인될 수 없다고 생각합니다.

한국 근현대사에 세 명의 장로 대통령이 있었습니다. 이승만, 김영삼, 이명박입니다. 이들이 대통령으로 재임할 때 정말 예수님의 복음을, 하나님의 공의를 실현했는지 물어야 합니다. 그들의 정치적 방향성에 하나님의 공의가 있었는가? 그들은 오히려 비그리스도인들보다 더 못한 세속정치를 하고 말았습니다. 그들의 정치에 복음이 없었고 기독교적 가치를 찾아볼 수 없었습니다. 오히려 더 퇴행적인 모습을 보였습니다.

이제 그리스도인들이 정치에 적극 참여해야 합니다. 그것이 신앙을 건강하게 하고 복음을 이 땅에 실현할 수 있는 현실적인 방안이기 때문입니다. 복음은 문자를 전하는 게 아니라 하나님의 공의와 예수님의 자기희생의 십자가를 실현하는 데 있습니다. 그것이 반드시 교회와 목회적인 방법만을 통해서 이루어져야 한다는 원칙은 없습니다. 어떤 정치인이 크리스천이 아닐지라도 그의 정치적 행위가 하나님의 공의와 예수님의 가르침에 합치될 때 그를 적극 지지하여 이 땅에 공의와 평화가 이루어지도록 해야 합니다. 이것은 신앙을 정치화하는 게 아니라 정치를 신앙의 영역에서 해석하고 제어하는 방법입니다.

'그놈이 그놈이다'라는 양비론과 정치에 대한 혐오 감정은 정치에 대한 무관심을 증폭시킬 뿐입니다. 그것으로 인해 이득을 보는 세력이 퍼트린 정치 바이러스입니다. 신앙은 정치와 무관하게 순수해야 한다는 사고와 논리 역시 그것으로 인해 이득을 보는 세력이 퍼트린 종교 바이러스입니다. 이런 바이러스에 감염된 사람들의 공통된 특징은 스스로 사유하지 않는다는 데 있습니다.

정치는 거룩하고 성스러운 완전체를 지향하는 게 아닙니다. 오염되고 타락한 세상에서 덜 오염된 사람과 덜 타락한 사람을 선택하여 큰 흐름을 만들고 대의를 향해 가도록 견제하며 응원하는 게 정치입니다. 인간은 오류투성이고 한계와 무능 가운데 실존합니다. 오류가 없는 인간을 선택하려는 것은 인간과 정치에 대한 무지에서 옵니다. 정치는 결코 완전하지도 성스럽지도 않습니다. 세상의 그 어떤 정치인도 성자는 없습니다. 선거는 성자를 뽑는 제도가 아니라 불완전하지만 올바른 방향으로 가는 사람을 뽑아 올바른 가치를 실현하게 만드는 제도입니다. 그러므로 기독교인들이 정치에 참여하는 방법은 우리 집단에 속한 사람을 뽑는 게 아니라, 하나님의 공의와 예수님의 가르침에 방향이 같은 사람을 뽑는 것입니다.

우리는 예수님이 가르친 복음과 또 그가 보여준 삶의 방식대로, 구약성경을 통해 말씀하신 하나님의 공의에 따라, 성경의 방향과 같은 곳을 향하는 사람을 뽑는 일에 적극 동참해야 합니다. 불완전한 후보자라 하더라도 방향이 같은 사람을 뽑는 것이 기독교 신앙에 합치되는 것입니다. 그것이 예수님이 사랑한, 가난한 이들을 위한 길이며 하나님 나라를 이 땅에 실현하기 위한 하나의 방법입니다.

1세기 제국의 압제 아래 신음하던 식민지 백성들이 '누가 왕인가'라고 묻고 답함으로써 세상을 바꾸려 했던 것처럼 우리도 그렇게 해야 합니다. 자기희생의 모습을 보여준 예수님이 진정한 왕이라고 선포하고 증언한 것처럼, 이제 누가 우리의 지도자가 되어야 하는가를 예수님의 삶과 가르침을 통해 분별해야 합니다. 그것은 정치가 아니라 신앙의 영역입니다.

# 무엇이
# 사람인가?

인간이란 무엇인가에 대한 철학적 담론은 계속 이어지고 있습니다. 난 이렇게 묻고 싶습니다. 무엇이 인간인가. 전자의 질문은 인간에 대한 사전적 정의와 철학적 이해를 요구하는 데 반해 후자의 질문은 인간됨의 자격과 조건에 대한 윤리적이고 사회적인 질문입니다. 어떻게 해야 사람이 될 수 있는가에 관한 질문입니다. 생물학적으로 인간의 몸을 갖고 있다고 다 사람이라 할 수 없다는 뜻입니다. 생물학적 조건을 넘어서는, 인간으로서의 자격과 조건을 많은 사상가가 탐구해왔습니다. 맹자는 이 부분에서 수치심을 말했습니다. 옳지 못한 것과 선하지 못한 일에 대해 부끄러움을 느끼는 것[無惻隱之心非人也], 곧 선악에 대한 분별력이 인간의 내적 조건이라고 말합니다. 맹자는 윤리적 인간을 말한 것입니다.

성경은 인간을 외적으로나 내적으로 하나님의 모습을 닮은 존재라고 말합니다. 하나님은 완전한 인간의 원형인 셈입니다. 그런 하나님으로부터 인간됨의 기원을 찾도록 요구하는 것이 성경입니다. 성경은 고대 근동의 약소국이었던 히브리 민족에 의해 제국의 침략과 압제 속에 쓰였습니다. 그러므로 성경은 약자의 시선으로 세계를 보는 창입니다. 강자의 침탈에 고통당하는 약자들이 좌절과 절망 상황에서 절대자를 향해 갈망으로 구원을 호소하는 게 성경입니다. 예언서들은 제국의 침략과 수탈 아래 놓인 이스라엘이 하나님의 명령을 전하고 명령을 선포하는 포고문입니다.

특히 이사야서는 유다의 왕이 제국의 질서 가운데 잘못된 외교정책을 편 결과 나라가 몰락하는 과정을 지켜보며 쓴 책입니다. 이사야가 당대의 문제를 진단한 문제의 원인은 '공의(체데크)'입니다. 이사야의 예언서는 '하나님의 공의'라는 말이 주된 정조입니다. '하나님은 공의로우시다'는 전제를 깔고 있는 것이지요. 공의와 함께 정의(미쉬파트)라는 말도 같은 맥락에서 주된 용어로 사용됩니다. 정의와 공의가 하나님의 속성이라는 것이지요. 인간됨의 내적 조건 또한 정의와 공의에 있다는 것을 말합니다.

그런데 정의와 공의는 혼자서 행하는 게 아니라 복수의 사람, 공동체, 사회 가운데서 요구되는 덕목입니다. 정의와 공의는 타인에 대한 존중과 배려, 사랑이 전제되는 고차원적인 덕목입니다. 이것은 타자에 대한 공감 능력 없이는 불가능한 것입니다. 타자에 대한 공감, 이것이 정의와 공의의 출발점입니다. 타인의 아픔을 내 아픔으로 경험하고, 타인의 슬픔을 내 슬픔으로 느낄 수 있을 때 비로소 인간의 자격을 갖게 된다는 뜻입니다.

예수님이 십자가를 지고 인간의 죄를 대속했다는 기독교의 고백은 이런 의미에서 참됩니다. 죄를 지을 수밖에 없는 인간의 연약성을 이해하고, 죄를 심판하기보다 용서하고 죄를 지을 수밖에 없는 연약한 인간에 공감하는 마음, 그것이 십자가의 의미입니다. 그래서 기독교는 혼자서 명상하고 수양해서 도를 얻는 종교가 아니라 타인과 공감하고 연대하여 이 땅에 하나님 나라를 만들어가는 종교입니다. 이런 시선으로 기독교는 세계와 인간을 향해 열려 있어야 합니다. 그래서 목사들이 결혼하고 가정을 이루는 것이 필요합니다. 자식을 낳아 본 사람만이 타인의 자식에 대한 공감 능력을 가질 수 있기 때문입니다. 아내를 사랑해본 사람만이 자기 아내를 지키기 위해 목숨을 거는 남자의 비장함에 공감할 수 있기 때문입니다.

한 나라의 지도자도 올바르고 건강한 가정생활을 하고 자녀를 출산하여 양육한 경험이 있는 사람에게 자격을 부여해야 합니다. 가정을 가져보지도 않고 자식에 대한 절절한 사랑과 아픔도 모르는 사람이 대통령이 됐을 때 세월호 사건이 일어났습니다. 어린 생명들이 물속에서 죽어가고 있는데 "구명조끼를 입었는데 발견하기가 그렇게 힘듭니까?"라는 말을 했습니다. 자식을 키워보지 않은 사람의 비극적인 인식이었습니다. 대통령이라는 사람이 홍수로 침수되어 세 모자가 죽은 반지하 창문 앞에 쪼그려 앉아 구경꾼처럼 들여다보며, "근데 어떻게 여기 계신 분들 미리 대피가 안 됐나 모르겠네"라고 남 말하듯 합니다. 타인의 비통하고 극적인 죽음에 일말의 공감도 하지 못하는 것입니다. 비정상적인 가정생활, 자녀를 낳아보지도 키워보지도 않은 사람이 지도자가 됐을 때 나타난 비극입니다.

이것이 정상적인 가정을 가진 사람, 자녀를 낳고 양육한 부모가 한 나라의 지도자가 돼야 할 이유입니다. 목사도 그렇습니다. 너무 이른 나이에 고등학교를 졸업하고 곧바로 신학교에 진학하여 아무런 사회적 경험 없이 목사가 됐을 때 인간에 대한 깊이 있는 공감과 통찰이 부족해집니다. 목회는 하나님을 전하는 게 아니라 하나님의 성품을 닮은 또 하나의 사람으로 사람 가운데 서는 것입니다.

타인의 아픔에 공감하지 못하는 대통령, 타인의 삶을 나의 삶으로 바라보지 못하는 목사는 사람됨의 조건을 충족하지 못한 사람입니다. 성경의 말입니다. 성경은 하나님의 정의와 공의가 타인의 아픔에 공감하는 데서 온다고 말합니다. 무엇이 인간인가에 대한 성경의 답입니다.

# 가짜 권하는
## 교회

대한민국의 20대 대통령 선거에 등장한 뜨거운 이슈 중 하나는 보수 정당 후보자 부인의 박사학위 논문에 관한 것이었습니다. 그녀의 학위 논문은 다른 학술지에 실린 논문들을 짜깁기하고 베낀, 조잡하기 이를 데 없는 것이라고 학계에서 입을 모았습니다. 대선 과정에서 그녀는 여러 차례 성형수술을 했고 이름과 이력까지 바꾼 전력이 드러났습니다. 그녀는 자신의 인생을 살아온 게 아니라 타인의 인생을 살아온 듯했습니다.

어찌 보면 그녀는 우리 사회가 낳은 사생아입니다. 한국 사회가 그녀에게 요구한 것은 권위, 권력, 돈, 미모 같은 것이었습니다. 그것들을 가질 수 없을 때 거짓이거나 가짜일지라도 그것을 선택하도록 궁지에 내몬 것입니다. 우리 사회에 언제부턴가 가짜라도 좋으니 학력과 명예, 그리고 미모를 돈을 주고라도 사라고 강제하는 풍토가 나타났습니다.

지금도 중년에 접어든 사람들이 학위를 위해 대학에 다니는 경우를 많이 봅니다. 학문적 열정 때문이 아니라 박사라는 스펙이 필요해서입니다. 이 사회가 실제로 필요치도 않은 학위를 요구하기 때문입니다. 이런 분들 중 학위 논문을 쓸 만한 학문적 소양이 없는 사람들이 많습니다. 이럴 때 조잡하게 짜깁기를 하거나 대필 논문을 돈 주고 사는 게 관례화되어 있습니다. 논문 심사 교수들은 논문을 면밀하게 보지 않고 대충 통과시킵니다. 쉽게 박사학위를 얻게 하는 것으로 자기 학교의 학위 과정에 많은 학생을 모집하려는 '영업' 방식입니다. 20대 대통령의 부인도 그런 과정을 거쳐 박사학위를 갖게 된 것입니다. 때문에 대학들이 학위 장사를 한다는 비난을 받습니다.

스펙을 위해 학위를 돈으로 거래하고 있는 것은 대학뿐 아닙니다. 심지어 교회에서 목사를 청빙할 때조차 학위를 보는 경향이 있습니다. 목사에게 인격의 성숙도나 목회 철학, 목회 비전이 아니라 학위가 더 중요시된다면, 그러면 교회는 무엇인가, 반문해봐야 합니다. 이것은 교회의 본질, 그리고 존재 이유와 관련 있습니다. 이 질문이 없을 때 교회는 세속사회가 요구하는 거짓과 가짜를 양산하는 집단이 됩니다.

교회가 거짓이나 가짜를 요청하는 경우 대부분 하나님과 예수님의 이름을 끼워 넣습니다. 그러면 사람들이 가짜를 구분하지 못합니다. 이런 경우 가짜 학위로 스펙을 쌓듯이 하나님으로부터 받은 축복의 보따리를 거머쥐는 것을 신앙의 전범으로 삼는 경우가 많습니다. 교회에서 횡행하는 신앙 간증이라는 것들, 특히 수도권의 대형교회가 해마다 수능 시즌에 맞추어 행하는 인터넷 기도회에서 쏟아지는 간증들은 김건희 여사의 학위 논문, 일명 '유지Yuji 논문'의 교회 버전으로 볼 수밖에 없습니다. 내가 어찌어찌하여 하나님께 이런저런 일로 기도하였는데, 하나님이 나에게 은혜를 주시고 복을 주셨다는 내용의 간증들은 대부분 내가 하나님과 얼마나 친밀해졌는가를 스펙으로 내세우는 '유지 논문'의 교회 버전입니다.

대학들이 저급하고 유치한 대필 논문으로 '유지Yuji 박사'를 양산하듯이 교회들도 유사한 형태로 하나님께 받은 스펙을 자랑하는, 가짜 신앙을 권하는 집단이 되어버렸습니다. 성경이 말하는 복은 내가 현세적으로 얼마나 많은 스펙을 쌓고 그 결과로 이익을 얻었는가를 셈하는 게 아닙니다. 그런데도 교회는 그렇게 가르치며 가짜 신앙을 유도할 때가 있습니다. 가짜 복을 권하는 것입니다. 교회가 가짜 권하는 집단이 되고 말았습니다.

가짜에 열광하는 사람들일수록 더 뜨겁고 열정적입니다.

# 목사, 검사, 법사,
# 그리고 마술사

우리나라에서 고소득 전문 직업을 얘기할 때 '사'자 직업을 꼽습니다. 의사, 변호사, 회계사 등 소득 수준에 따라 '사'자 직업의 순위가 매겨집니다. 하지만 이젠 돈만 많이 버는 게 아니라 돈과 권력, 그리고 지지와 숭배의 영역으로까지 그 직업의 우위를 따져야 하는 시대가 됐습니다. 우리 시대에 진정 돈과 권력을 동시에 얻고 숭배의 대상에 이른 세 직업은 검사, 목사, 법사 들입니다. 이들 세 직업의 공통점은 마술적인 세계관을 가지고 마술적 기법으로 세계를 살아간다는 것입니다.

우리나라 검찰은 해방 이후부터 수사권과 기소권을 동시에 갖는, 세계에서 유례가 없는 권력 기관입니다. 검찰의 권력 시스템이 70년 넘게 변치 않고 유지됨으로써 이들은 몇 년마다 바뀌는 선출직 권력에 비해 지속 가능한 권력을 누릴 수 있게 되었습니다. 그래서 윤석열 대통령은 검찰총장 시절에 "5년짜리 대통령이 겁이 없다"는 말을 하기도 했습니다. 대통령이라는 최고 권력도 5년인 데 반해 검찰 권력은 영원하다는 뜻입니다.

검찰은 통제받지 않는 권력이 됐습니다. 검찰이라는 절대 반지는 있는 죄도 없게 할 수 있고, 없는 죄도 만들어 사람을 죽이기도 하고 살리기도 할 수 있습니다. 권력은 견제받지 않을 때 마술적 사고를 하게 됩니다. 자기가 하고자 하는 일은 무엇이든 다 할 수 있다고 생각하는 것입니다. 마술적인 방법으로 사람을 속일 수 있다고 스스로 믿는 것입니다. 그래서 탈세, 불법 경영, 부당 이득과 같은 비리와 범죄가 잦은 재벌가에서 선호하는 사윗감 일 순위가 검사입니다. 평생 검찰의 조직 안에서 마술적 사고와 마술적 행동으로 살아온 사람, 단 한 번도 합리적 사고와 논의를 통해 세계를 접해보지 않고 권력의 도그마에서 자유분방하게 살아온 사람은 자신을 왕으로 생각할 수 있습니다. 우리나라 검찰은 절대왕정 시대의 왕의 지위를 누려온 셈입니다.

편법과 세습, 공금 유용, 교인 협박하는 설교 등으로 교회를 성장시킨 일부 대형교회 목사들은 사람을 두려워하지 않습니다. 평생 자기를 존중하고 따라주는 교인들에 둘러싸여 살다보면 합리적 사고를 할 수 없기 때문입니다. 그들에겐 죄책감이나 두려움 같은 게 없습니다. 자기만이 하나님을 독점적으로 소유하고 있다는, 자기 확신과 신념의 전신갑주를 입었기 때문입니다. 이들은 하나님과 예수님의 이름을 들먹이며 은혜, 사랑, 구원 같은 아주 단순한 몇 개의 종교적 언어를 마술적으로 사용하여 사람들의 이성을 마비시킬 수 있습니다. 이 목사들은 평생 견제받지 않는 권력의 내부에서 마술을 부리는 검사들처럼, 합리적인 사고를 하지 않는 마술적 삶을 살아온 사람들입니다. 이들 역시 자기 교회 안에서 왕입니다. 하나님의 이름으로 왕에게 복종하는 백성이 그의 왕궁을 떠받치고 있기 때문입니다.

윤석열 정부 들어 검사와 목사보다 더 우위에 있는 게 법사法師라는 풍자가 돌기 시작했습니다. 불법佛法을 공부하거나 수행하지 않고 사람들에게 점이나 봐주고 굿이나 해서 먹고사는 무당이 법사를 사칭하며 시대를 오염시키고 나라를 어지럽힌다는 것입니다. 이 사특한 무당들에게 검사 마술사조차 지배당하고 있다고 사람들은 개탄합니다. 또 그런 검사 마술사를 적극 옹호하고 지지해준 목사 마술사들이 있으니 이 시대 최고의 마술사는 법사라고 비아냥댑니다. 우리는 지금 법사의 마술이 검사와 목사의 영혼까지 지배하는, 마법의 시대를 살고 있습니다.

키스 토마스Keith Thomas는 이러한 문제를 16~17세기 잉글랜드의 종교 현상을 통해 설명합니다. 그는 자신의 책『종교와 마술, 그리고 마술의 쇠퇴』에서 특정 시대를 콕 집어 현미경을 들여다보듯 세밀하게 관찰하는데, 사회적 불안과 격변기의 종교를 통해 인간 안에 있는 마술적 사고의 양태와 패턴을 이해합니다. 중세의 기독교에 편만했던 수많은 마술적 종교 현상을 그는 '교회마술'이라 부릅니다. 교회의 종교적 행태와 마술사의 주술을 구분하고 있지만 사실 그는 그 둘을 구분할 수 없다는 뉘앙스로 말합니다. 종교개혁과 합리주의가 등장하면서 중세 기독교의 마술적 요소들이 부정되고 제거되었다고 하지만, 그것은 마술로부터의 완전한 자유가 아니라 또 다른 마술 형태로 바

꿰었을 뿐이라는 것입니다. 종교개혁가들과 개신교회는 '중세교회가 제공한 마술적 기법과 통제로 회귀'한 것입니다.

검사와 목사와 법사가 벌이는 마법의 시대에 우리는 살고 있습니다.

# 땅이 아니라
# 사람이 문제다

예전에 한 지역 문화원의 위탁으로 그 지역의 역사와 설화를 분석하고 고증하는 일을 한 적이 있습니다. 해발 700여 미터의 산정에 사철 그치지 않고 샘물이 흐르는 동굴이 있었습니다. 그 높은 곳에 수맥이 터져 흐르는 것도 신기한 일이지만 그 동굴은 습하지 않고 온화한 기운이 있어 여러 대에 걸쳐 기도 도량으로 사용되고 있었습니다. 그곳에 용龍과 관련된 특이한 설화가 있었습니다. 그 설화를 채록하고 분석하여 그것이 지역의 정신문화와 어떤 연관성이 있는지 밝혀 글을 쓰는 일이 내게 주어진 과제였습니다.

카메라 가방을 메고 가파른 산길을 오르기를 몇 번인가 하다가 더 이상 지쳐서 다시 오르지 못하겠다고 나자빠질 즈음에 그 동굴 아래 어디 작은 봉우리에 천하 명당이 하나 있다는 소릴 들었습니다. 그 혈자리에 장사지내면 발복發福하여 집안이 흥왕하고 재물이 넘쳐 자손만대가 잘된다는 소문이 오래전부터 있어왔다는 것입니다. 그 혈 자리를 쉽게 찾을 수 없었습니다. 동행한 이와 몇 번을 다시 오르고 올라

기어이 그 자리를 찾게 되었습니다.

그런데 나의 초보적인 풍수 식견으로 봐도 그 자리는 그리 탐탁한 자리가 아니었습니다. 허망한 생각이 들었습니다. 뭔가에 홀린 것 같았습니다. 낙엽에 쌓인 그 자리를 헤집어보니 흙밥이 여러 번 헤쳐져서 산만하기 그지없는 상태였습니다. 동행한 이가 하는 얘기를 듣고서야 그 연유를 알게 됐습니다. 이 자리가 명당이라는 소문 때문에 먼저 있던 유골을 파내고 자기 조상의 유골을 암장暗葬하는 일이 계속 일어났다는 것입니다. 심지어는 사람의 눈을 피해 야심한 밤에 유골을 지고 가파르고 높은 산꼭대기까지 올라와 암장을 하는 일도 있다는 것입니다. 한마디로 그곳은 아파트처럼 유골이 층층이 쌓여 있을 거라고 그는 말했습니다.

풍수風水란 장풍득수藏風得水의 준말입니다. 겨울에 북쪽에서 불어오는 찬바람을 막아주는 뒷산(주산)과 생활용수가 흐르는 개울이나 강을 품은 너른 벌, 햇빛이 잘 드는 남향을 길지吉地로 보는 것입니다. 그러니 풍수란 애초에 종교적 관념으로부터 출발한 게 아니라 현실적 필요로 좋은 입지를 선택하는, 인테리어 개념이었습니다. 풍수는 자연과 땅에 대한 인문주의 사상이었던 것입니다. 땅에 대한 인문학적 통찰로써의 풍수는 마을이나 집터를 선정할 때 쓰는 양택陽宅 풍수로부터 출발합니다. 양택 풍수는 인간이 자연의 일부로 살아가려는 의지와 노력의 산물이었습니다.

그런데 풍수가 역易, 음양오행陰陽五行, 기氣 철학과 결합되면서 종교적인 성격이 가미되기 시작했습니다. 특히 죽은 조상의 유해가 명당의 좋은 기운을 받아 살아있는 후손에게 전해진다는 동기감응同氣感應 이론이 풍수의 뼈대가 되면서 양반사대부들은 명당을 찾기에 혈안이 됐습니다. 이 과정에서 풍수가 상업화된 것입니다. 죽은 자의 집터, 곧 명당이 되는 무덤자리를 잡기 위한 음택陰宅 풍수가 대세를 이루게 된 것입니다. 그때부터 세력 있는 자들은 명당을 선점하기 위해 권력과 재물을 사용하는 걸 넘어서 폭력을 행사하기도 했습니다. 박희곤 감독의 영화 〈명당〉은 이러한 조선 사대부들의 땅에 대한 천박하고 야만적인 행태를 잘 보여줍니다.

풍수가 인문주의적 자연 이해를 버리고 미신적인 영역으로 들어가면서 그를 통해 돈벌이하려는 잡술꾼들이 대거 등장했습니다. 일명 지관地官이라 하는 풍수쟁이들이 팔도를 휘젓고 다닌 것입니다. 이것은 단순히 땅을 그르치는 것을 넘어 사람의 정신을 우매하고 미개하게 만드는 데 더 큰 문제가 있습니다. 합리적인 사고와 판단을 하지 못하게 만드는 것입니다. 특히 미신에 빠져 사리에 어둡고 어리석은 사람이 한 나라의 지도자가 될 때 그 피해는 국민 모두의 것이 될 수밖에 없습니다.

윤석열 대통령이 취임과 함께 청와대를 버리고 용산으로 대통령 집무실을 무리하게 옮긴 것은 국정을 책임진 지도자로서의 합리적인 사고가 아니었습니다. 그의 뒤에서 보이지 않는 잡술가의 역할이 있었기 때문이라고 많은 이들이 의심을 거두지 않았습니다. 그의 땅에 대한 이해 때문에 국가 시스템이 한순간에 무질서의 나락으로 떨어졌습니다. 땅이 그렇게 한 것이 아니라 사람이 그렇게 만든 것입니다.

사람이 땅의 영향을 받는 게 아니라 땅이 사람의 영향을 받는다고 성경은 말합니다. 창세기 3장 17절에 아담을 판결하는 장면에서 하나님은 이렇게 말씀하십니다.

"땅은 너로 말미암아 저주를 받고⋯."

사람이 죄를 지음으로 그 땅이 저주받는다고 합니다. 땅이 문제가 아니라 사람이 문제라는 것입니다. 가나안 땅은 그곳이 명당이라서가 아니라 사람이 하나님의 도리를 따라 살 때, 평안과 즐거움이 젖과 꿀처럼 흐른다는 뜻에서 '젖과 꿀이 흐르는 땅'입니다.

자신의 무지와 무능을 보지 못하고 땅을 탓하며 불법을 행하는 자, 그 땅이 토해낼 것입니다. 이것이 인문주의 풍수가 사특한 잡술꾼들에게 보내는 경고입니다. 그리고 성경이 땅과 사람에게 보내는 메시지입니다.

"너희 전에 있던 그 땅 주민이 이 모든 가증한 일을 행하였고 그 땅도 더러워졌느니라. 너희도 더럽히면 그 땅이 너희가 있기 전 주민을 토함같이 너희를 토할까 하노라." (레위기 18장 27~28절)

# 개
삽니다

예전에는 시골 마을 담벼락에서 전화번호와 함께 페인트로 쓰인 '개 삽니다'라는 문구를 심심찮게 볼 수 있었습니다. 요즘엔 그것이 고대 벽화처럼 오래되고 기이한 느낌입니다만 그 시대에는 일상에서 쉽게 만날 수 있는 담벼락 광고였습니다. 우리는 모두 이것이 무엇을 의미하는지 알고 있습니다. 그때는 보신탕을 즐겨 먹던 시절이고 개가 식용으로 사육되던 때였으니 굳이 목적격 조사 '를'을 생략해도 '개(를) 삽니다'로 이해할 수 있었습니다. 반면 이 문화적 맥락을 이해하지 못하게 되면 '개(가) 삽니다'로 이해할 수도 있습니다. 하지만 한국인 누구도 이 집에 '개가 살고 있다'고 읽지 않습니다.

  개는 우리에게 가장 친숙하고 정감이 넘치는 가축이었습니다. 애완동물이니, 반려동물이니 하기 전에는 그냥 '개'라고 불리는 가축 중 하나였습니다. 가장 정감이 가는 가축일지라도 때에 따라서는 비정하게 먹어야만 하는 게 가난한 우리네 삶이었습니다. 그래서 집에서 기르는 가축에게 특별한 애정을 쏟지 못하도록 어른들은 아이들을 경계시

컸습니다.

할머니는 장손인 나를 끔찍이 아끼고 사랑했습니다. 한 번도 나에게 거친 말이나 험한 표정을 보이지 않았습니다. 그런데 할머니가 나를 홀대할 때가 한 번씩 있었습니다. 내가 마루 밑의 강아지를 끌어안고 놀 양이면 평소와는 다르게 내 등짝을 파리채로 후려치며 결기 있는 목소리로 "나가서 동무들하고 놀아라" 하셨습니다. 그게 서운하고 슬퍼서 몇 번은 눈물을 흘렸던 기억도 있습니다. 훗날 머리가 크고 나서 생각해보니 할머니의 뜻을 알 수 있을 것 같았습니다. 어느 하나의 사물이나 세계에 집착하게 되면 사람 됨됨이가 물러지고 편협하여 세상살이가 어려워질 수 있다는 뜻이었던 것입니다. 특히 개 같은 동물에게 정서가 몰입될 때 사람은 외부와 정서적 교류가 단절될 위험이 있다고 할머니는 생각하셨던 것입니다. 사람은 사람과 소통해야 사람들 속에서 건강하게 살 수 있다는 뜻이었습니다.

사람과의 만남과 놀이는 외부와 관계 맺는 방식이었고, 그것이 생각과 삶의 외연이 확장될 수 있는 기본적인 인간의 존재 방식이라고 생각한 것입니다. 자기감정과 자기 인식에 갇혀 폐쇄적이고 편협한 인간이 될 것을 우려한 할머니의 죽비 같은 한마디는 지금도 큰 울림으로 남아있습니다.

폐쇄적인 개인 못지않게 폐쇄적인 집단, 폐쇄적인 민족이 있습니다. 유대인은 세계에서 가장 폐쇄적인 민족일 것입니다. 그들은 자신의 종교적 전통을 매우 중시하는 민족으로 인간과 세계를 율법적 기준으로 판단했습니다. 그런데 그들의 율법은 앙꼬 없는 찐빵이 되고 맙니다. 형식과 규율만 있고 율법이 지향하는 근본 가치는 사라져버린 것입니다. 예수님은 이렇게 말씀하십니다.

"율법학자들과 바리사이파 사람들아, 너희 같은 위선자들은 화를 입을 것이다. 너희는 박하와 회향과 근채에 대해서는 십 분의 일을 바치라는 율법을 지키면서 정의와 자비와 신의 같은 아주 중요한 율법은 대수롭지 않게 여긴다."

선민사상에 찌들어 있는 유대교 지도자들은 유대민족과 이방 민족, 율법을 지키는 자와 지키지 않는 자, 남자와 여자 등으로 분리주의적 인식체계로 인간과 세계를 차갑게 나누었습니다.

그런 그들 앞에 예수님이 나타납니다. 그는 유대의 율법적 기준에 의해 가장 질이 나쁜 죄인으로 불렸던 세리와 창녀에게 친구가 되어주고, 엄격한 유대교 정결의식을 함부로 훼손하며 가난한 사람들과 먹고 마시기를 즐겼습니다. 이방인과 죄인과 가난한 자들과 여자들에게 구원을 선포하였습니다. 구원은 오직 율법을 통해서 유대인들에게만 주어지는 특권인데, 그것을 만민에게 값없이 거저 주는 예수님을 그냥 둘 수 없었던 것입니다. 복음은 유대인이 가지고 있던 선민의식과 폐쇄적 민족주의에 가한 파열음이었습니다.

유대인의 폐쇄성과 폭력성은 종교적 편협성에서 나옵니다. 이들이 이슬람 근본주의자와 다른 점은 그들이 믿는 신의 이름 외에는 아무것도 없습니다. 근본주의(원리주의)는 외부세력으로부터 자신의 집단이나 신념을 지키기 위해 내집단內集團을 결집시키고 외부의 적과 싸우려는 과격한 동기에서 발생합니다. 그런데 이런 근본주의는 사실 그 종교가 가지고 있는 핵심 가치를 지키는 데 목적이 있는 게 아니라 외적 가치, 곧 종교의 형식과 제도를 지키는 데 목적이 있습니다.

사람을 사랑하는 것이 기독교의 핵심 가치라면, 모든 것을 희생해서 그 목적을 달성해야 합니다. 그것이 비록 종교적 형식으로써의 예배나 교회라 할지라도 그것을 바쳐 사람을 살릴 수 있어야 합니다. 하지만 근본주의 기독교는 사람을 희생시켜서라도 예배를 강행하고 교회라는 형식과 제도를 지키려고 해왔습니다.

윤석열 정부 들어 국가의 모든 요직을 검찰 출신이 장악했습니다. 우리나라 검찰은 해방 후 한 번도 민주주의를 경험해보지 못한 집단입니다. 검찰은 상명하복을 바탕으로 하는 군사 조직처럼 검사동일체의 폐쇄된 조직 안에 견제받지 않고 무소불위의 권력을 휘둘러왔습니다. 수사 지휘권, 기소권, 영장 청구권을 독점해왔습니다. 삼권분립의 대의민주제에서 유일하게 견제당하지 않고 권력을 행사한 정부 기구가 검찰이었습니다. 이 무소불위의 권력은 법리에 의해서가 아니라 정치적인 이해관계에 따라 진실을 왜곡하거나 사건을 조작하는 데 거침없이 사용됐습니다.

이런 구조는 검찰을 합법적 절차나 증빙 없이 예산을 유용할 수 있게 하고 거리낌 없이 사람을 죽이기도 하고 살리기도 하는 깡패집단으로 만들었습니다. 한 번도 검찰 밖으로 나와 밝은 빛을 보지 않고 음습하고 폐쇄적인 조직 안에서 백정 노릇하며 살았던 것입니다. 검찰이 권력을 잡게 되자 자신의 권력을 더 강화하고 영속화하기 위해 윤석열 정부는 정치적 악행을 계속했습니다.

이들은 검찰 근본주의자들입니다. 북한의 무인기가 서울 상공을 비행할 당시에도 대통령은 그의 집무실에서 개와 함께 놀고 있었습니다. 아무것도 안 해도, 어떤 비리가 있어도 견제받아본 적이 없는 검찰 출신 대통령의 정신세계에는 국가의 안보나 시민의 안전, 경제 위기보다 검찰을 지키는 게 우선이었던 것입니다. 개하고만 놀아본 경험, 검찰 안에서만 살아본 경험 외에는 아무것도 없는 사람이 할 수 있는 일은 그게 전부였던 것입니다.

윤석열 대통령은 '개(를) 삽니다'가 아니라 '개(가) 삽니다'로 읽을 수 있는 사람입니다. 시민사회의 교양과 상식 이전에 인간으로서의 공감 능력이 없는 것입니다. 그의 정신세계에는 술과 개, (대통령) 놀이와 검찰, 쾌락과 권력 이외에는 아무것도 없어 보입니다. 마치 근본주의 기독교인들에게 '사랑'이라는 문자적 기호 외에는 사랑의 어떤 징후도 찾아볼 수 없는 것처럼 말입니다. 사람이 사람에 대한 문법이 없을 때 '개를 삽니다'를 '개가 삽니다'로 읽게 됩니다. 2,000년 전 유대 땅의 바리새인과 오늘 대한민국의 검찰이 그렇습니다. 사람에게는 사람의 문법이 있습니다.

# 지혜의 왕
# 솔로몬 286 탄생

개인용컴퓨터(PC)가 보급되던 초기에 현대에서 만든 286 컴퓨터 이름이 '솔로몬'이었습니다. '지혜의 왕 솔로몬 286 탄생!'이라는 광고 카피에서 솔로몬은 3,000년의 시간을 뛰어넘어 컴퓨터로 재탄생됐습니다. 과학 문명의 총아로 등장한 컴퓨터를 솔로몬과 동일시할 정도로 솔로몬의 지혜는 세상 모든 지혜의 상징이었습니다.

그런데 솔로몬에게 주어진 지혜가 정확히 무엇인지 사람들은 잘 알지 못합니다. 지혜란 사전적 의미로 사물의 이치나 상황을 제대로 깨닫는 정신 능력을 말합니다. 하지만 성경에 나오는 솔로몬의 지혜는 그런 정신 능력이 아니었습니다.

솔로몬은 젊은 나이에 왕이 되었습니다. 어릴 적부터 안정된 다윗 왕가에서 왕궁의 호사를 다 누리며 성장했습니다. 하지만 막상 왕이 되고 보니 솔로몬에게 큰 두려움이 몰려왔습니다. 백성을 다스릴 만한 지혜가 그에게 없었던 것입니다. 그가 왕위에 오르고 큰 제사를 드리던 날 밤에 하나님이 그의 꿈에 나타나 소원을 물었습니다. 그때 그는 지혜를 달라고 요청합니다. 이때 그가 구한 지혜는 사전적 의미의 지혜가 아니었습니다. 백성을 잘 다스리기 위해 공정한 재판을 할 수 있도록 해 달라는 것이었습니다(왕상3:9, 대하1:10).

솔로몬 왕국은 절대왕정이 지배하던 고대국가였습니다. 입법, 사법, 행정이 왕에게 집중된 시대였고 나라였습니다. 당연히 왕이 직접 백성의 재판에 관여하였습니다. 왕이 사법 권력을 동시에 가졌다는 것은 권력의 집중을 의미하지만 재판이 불공정할 때는 백성의 저항에 직면하고 왕좌에서 비참하게 끌어내려지게 되는 위험부담도 함께 가진다는 의미이기도 합니다. 절대왕정의 시대였지만 왕좌가 절대적으로 안정적이지 못하다는 것을 솔로몬은 잘 알고 있었습니다. 왕권이 안정적으로 유지되고 나라가 태평성대를 이루기 위해서는 먹고사는 문제와 함께 사법적 정의가 절대적으로 필요했던 것입니다.

솔로몬이 하나님께 요청한 선물은 바로 사법적 정의를 실현할 판단력으로서의 지혜였습니다. 무엇이 옳고 그른지 정확한 이해와 판단으로 백성의 신망을 얻는 것이 백성의 충성도를 높여 왕권을 강화하는 데 매우 중요한 방편이었기 때문입니다. 이 사법적 정의는 신명기에 나타난 하나님의 정의이기도 합니다. 신명기 16장 19~20절에 "너는 재판을 굽게 하지 말며 사람을 외모로 보지 말며 또 뇌물을 받지 말라. 뇌물은 지혜자의 눈을 어둡게 하고 의인의 말을 굽게 하느니라. 너는 마땅히 공의만을 따르라"라고 명령합니다. 하나님의 정의는 초월적 관념이 아니라 이 땅을 살아가는 모든 사람이 겪는 삶의 문제에서 실현되어야 할 정치적 올바름이며 사법적 정의입니다.

그런 의미에서 솔로몬의 지혜는 사법적 정의를 위한 분별력과 불의한 재판의 유혹을 뿌리칠 수 있는 강단을 말합니다. 지혜에는 그것을 지킬 만한 강단이 있어야 합니다. 무엇이 옳고 그른지 안다 하더라도 그 옳음을 지켜내고 그름(불의)에 대해 강단을 보여주어야 합니다. 그것이 솔로몬의 지혜입니다.

대한민국 현대사에서 서울대 법대 출신이 최초로 대통령에 당선됐습니다. 그런데 처음으로 서울 법대 출신 대통령을 경험한 시민들은 부산상고나 목포상고 출신의 고졸 대통령에 비해 거의 무학자 수준이나 다름없다고 말을 합니다. 그의 정무적 감각이나 국정 능력을 본 지지자들까지 동일한 말들을 하였습니다. 서울대 법대를 최고의 엘리트로 인정하던 한국 사회에서 그에 대해 의심하는 말들이 나온 것입니다.

서울 법대가 단순 입력과 출력만을 반복하는 솔로몬 286 컴퓨터 같은 인재들을 양산했다는 말입니다. 사법은 사람을 위한 것이지 권력을 위해 기계적으로 사용하는 것이 아닙니다. 데이터를 단순 입출력하는 방식으로 출세를 위해 타인을 짓밟고 고지에 오른 서울 법대생들이 생각하는 사법적 정의는, 힘이 곧 정의라는 것을 윤석열 대통령이 잘 보여주었습니다.

"여호와를 아는 것이 지혜의 근본이다"라는 시편(111:10)과 잠언(9:10)의 말씀은 초월적 하나님에 대한 이상이 아니라 이 땅을 살아가는 사람들이 꿈꾸는 정의와 평화에 대한 이상에서 나왔습니다. 지혜의 왕으로 불리는 솔로몬의 이름도 평화를 뜻하는 샬롬과 같은 어원입니다. 솔로몬의 지혜는 모든 사람이 평화를 누리도록 사법적 정의를 실현하는 것이었습니다. 서울대 법대 출신 대통령과 그 주변 사람들이 솔로몬 286 컴퓨터에 머물러 있으니 솔로몬 지혜의 참된 뜻을 알 리 없습니다. 서울대 법대 출신의 윤석열 대통령이 21세기에 보는 '솔로몬 286 컴퓨터 탄생!' 광고만큼이나 낯설고 기이한 이유입니다.

# 또
# 속은 겨?

망각은 인간의 가장 유머러스한 정신 현상입니다. 사람의 메모리는 컴퓨터처럼 완전하지 않기 때문입니다. 완전한 것처럼 스스로 생각하는 인간이 불완전한 모습을 반복적으로 보여준다는 데서 비합리적이고, 따라서 그것은 해학적입니다. 인간은 같은 실수를 반복합니다. 실수라는 말에는 어쩔 수 없이 벌어지는 '사태'라는 뜻이 담겨있습니다. 실수는 인간의 불완전성을 의미합니다. '실수하기 때문에 인간이다'라는 말은 인간을 위한 변명이지만, 실수하기 때문에 인간이 불행해진 역사는 수없이 많습니다.

부패하고 타락한 정치인이나 정당이 사라지지 않고 계속 등장하는 것도 인간의 망각 현상 때문입니다. 그들이 과거에 무슨 일을 저질렀는지, 그 사실을 잊어버렸기 때문에 그들은 또 나오고 또 나옵니다. 그들이 과거에 한 말이 거짓말이었다는 사실을 생각하지 않기 때문에 거짓말쟁이들이 자꾸 정치판에 나서는 것입니다. 거짓말쟁이들이 힘을 얻는 것은 그것을 믿어주는 사람들이 있기 때문입니다. 컴퓨터에 거짓 명령어를 입력하면 작동하지 않습니다. 하지만 사람에게는 거짓말을 주입해도 잘 작동합니다.

어떤 이는 잠적해 있다가 선거철만 되면 등장하기도 합니다. 그는 한 번도 선거에 완주한 적이 없습니다. 그가 등장하는 선거는 늘 단일화 논란으로 어지러워집니다. 그는 선거를 통해 어떤 대의를 이루기 위해 정치판에 나온 게 아니라 자기 지분을 사고파는 장사치로 나선 듯 보입니다. 안철수 씨는 2020년 4.15총선에서 선거 공약을 내거나 유세를 하기보다 마라톤을 했습니다. 정치인이 정치를 하기 위해 선거에 나왔는데 달리기만 했습니다. 그가 처음 대선에 나왔을 때 내건 화두는 새정치였습니다. 하지만 그는 그때 이후로 단 한 번도 새정치가 무엇인지 그 개념을 설명하지 않았습니다. 개념 없는 그의 거짓말에 사람들은 속았습니다.

그는 한 번도 진실을 말한 적이 없습니다. 그의 말이 진실이 되려면 그 말에 대한 합리적 행동이 나타나야 합니다. 2020년 3월에 치러진 20대 대통령선거에서 "윤석열 같은 무식한 사람이 국가의 지도자가 되면 나라가 망한다"고 그는 열변을 토했습니다. 그리고 "(윤석열같이 무능한 사람을 뽑으면) 1년이 지나 그 사람 뽑은 손가락을 자르고 싶을 것"이라고 말했습니다. 그리고는 열흘 뒤 그 윤석열 후보와 단일화했습니다. 안철수 씨는 거짓말을 한 것입니다. 윤석열 씨가 대통령이 돼도 나라가 망하지 않거나, 윤석열이 되면 나라가 망한다는 자신의 주장이 거짓이거나, 둘 다 거짓말이 돼버렸습니다.

안철수 씨는 정치 철학이나 신념 없이 그때그때 상황에 따라 말과

입장을 바꾸며 살았습니다. 이렇게 신념이나 철학이 없는, 자기 것이 없는 정치인은 상대방을 깎아내리면 내 지지율이 올라갈 것이라는 유아적 발상을 합니다. 거짓말과 비방 이외에 가진 게 없는 것입니다.

그는 진보정당과도 단일화했고 보수정당과도 그러했습니다. 그의 품이 넓고 그릇이 커서 모든 것을 수용할 만해서 그런 게 아닙니다. 그는 대의를 생각할 만한 그릇이 못 됩니다. 최소한의 명분도 없이 자기 이익에 따라 그때그때 거짓말로 살아가는 장사치일 뿐입니다.

안철수 씨는 선거 때마다 반복적으로 같은 거짓말로 사람들을 속여 왔습니다. 그가 바보라서가 아닙니다. 그는 매우 영악합니다. 인간이 얼마나 잘 속아 넘어가는지를 기본적으로 알고 있는 사람입니다.

첫 번째는 속이는 사람이 나쁘지만 두세 번째부터는 속는 사람이 나쁜 것입니다. 속아주는 사람이 있으니까 계속 속이는 사람이 나오는 것이거든요. 진실을 망각할 때 역사는 불행을 반복합니다. 이럴 때 충청도 사람들은 이렇게 말합니다.

"또 속은 겨?"

예배의 치매에서 깨어나라

# 나는 왜
## 목사가 되었는가

어머니는 너무 일찍 나를 감옥에 가두었습니다.

"너는 우리 집안의 첫 열매라 하나님께 드렸다. 그러니 목사님이 돼야 헌다."

기회 있을 때마다 그 말로 내 영혼을 포획하려 했고, 나는 그 말의 감옥에서 피로감에 시달려야 했습니다. 사춘기 즈음에 어머니에게 크게 대들었습니다. 왜 내 인생을 내 의지와 상관없이 결정해놓고 강요하느냐고, 버럭 고함을 지르고 집을 뛰쳐나와 버렸습니다. 그리고 교회를 두어 달 안 나갔습니다. 어머니는 그 뒤로 내게 대놓고 그런 말씀을 안 하셨지만 나는 압니다, 어머니의 새벽기도 첫 번째 제목이 그거였다는 걸. 그래서 어머니가 새벽기도 가려고 방문을 살그머니 열고 나가 툇마루에서 고무신을 끄는 첫 소리가 귓가에 들릴 때면 감옥에 감금된 죄수의 심정이 되었습니다. 이 구속에서 벗어나야 한다는 강박과 벗어날 수 없을 것 같은 두려운 감정이 뒤섞여 내 영혼은 우울한 시절을 보냈습니다.

이십 대에 십여 년을 교회에 나가지 않았습니다. 처음엔 불안했지만 시간이 갈수록 어머니의 구속에서 벗어난 자유의 쾌감이 찾아왔습니다. 사람 좋아하고 술 좋아하는, 80년대 전형적인 문과생의 자유로운 삶을 살았습니다. 영혼의 자유를 교회 밖에서 누렸습니다. 하지만 대학가는 5.18의 여파와 민주화운동으로 쉴 새 없이 요동치고 있었습니다. 금서가 되었거나 번역조차 되지 못한 사회과학 서적들이 쪽복음처럼 지라시로 나돌았습니다. 나도 모르게 그 쪽복음에 경도되어 젖어들었습니다. 교회가 가르쳐주지 않은 세계에 눈뜨고 보니 더 교회를 나갈 수가 없었습니다. 인간을 억누르는 사회 체제를 혁명으로 바꾸어 놓으면 이 세계가 나아질 것이라는 신념에 사로잡혔습니다.

하지만 구소련의 붕괴와 동구권의 몰락을 보면서 그 신념의 일각이 무너지게 되었습니다. 사회과학적 신념과 그것의 허망한 현실 사이에서 방황했습니다. 그 방황의 과정에서 프로이트를 만나고 엘리아데를 만났습니다. 푸코와 카뮈와 사르트르를 만났습니다. 그중 나에게 가장 강력한 임팩트를 준 사람은 한나 아렌트였습니다. 콜럼버스가 신대륙을 발견하고 프로이트가 무의식을 발견했다면 아렌트는 악의 평범성을 발견했습니다. 그것은 내게 신대륙이나 무의식의 발견만큼이나 거대한 사건이었습니다.

유대인을 대량 학살한, 천인공노할 악마의 재판을 기대하던 아렌트는 그 악마가 우리의 친근한 이웃집 아저씨였다는 사실에 경악합니다. 악은 특별한 모양이나 형태가 있는 게 아니라 우리 안에 잠재된 인간의 본성이라는 사실을 깨달은 것입니다. 그 즈음 나는 심한 우울증에 빠져 있었습니다. 어떻게 해도 해결하지 못할 것 같은 사회 문제들, 예를 들면 독재정권의 파쇼적 행태들, 경제적 불평등, 지역 차별 같은 문제들이 이십 대의 예민한 지성에 바이러스를 퍼트렸던 것입니다. 법과 제도를 바꾸고 부정한 권력을 몰아내면 우리 사회가 평화롭고 잘 살 수 있을 것 같았습니다.

하지만 구소련의 붕괴와 동구권의 몰락은 그러한 희망에 찬물을 끼얹었고, 역사를 다시 돌아보게 했습니다. 그 당시 꽤 유명했던 제3세계 국가들의 혁명사들을 다시 읽기 시작했습니다. 그것들은 내게 혁명의 의지를 고취시키기는커녕 "그래서 뭐!"라는 반문을 갖게 했습니다. 혁명 뒤에 무엇이 오는가, 혁명만이 이상세계로 가는 길인가, 이런 답 없는 질문 앞에 우울했습니다. 급기야 인간이란 무엇인가에 대한 깊은 회의와 절망에 부닥쳤습니다.

그때 나에게 하나의 해답을 준 게 아렌트였습니다. 인간은 원래 악한 존재라는 것. 선한 사람과 악한 사람이 별도로 존재하는 게 아니라, 선한 세계와 악한 세계가 따로 있는 게 아니라, 어떠한 상황에 처하면 악을 행하는 게 인간이라는 사실을 아렌트는 말했습니다. 그것은 사회 체제의 문제도 아니고 개별적인 인간성의 문제도 아니었습니다. 인간, 그 자체의 문제였습니다. 인간이 문제라면 인간을 바꿀 수는 없을까, 고민하게 됐습니다. 결국 마흔 즈음에 그 길이 종교에 있음을 깨닫게 됐습니다.

그 종교는 제도화된 상업종교가 아니라 구도자의 종교여야 했습니다. 구도자의 길을 가고 싶어서 마흔 넘어 신학교에 갔습니다. 그러나 신학교는 위선적인 소명감에 사로잡히거나 상업 종교에 종사하여 먹고살겠다는 생각을 가진 학생들로 넘쳐났습니다. 구도자의 영혼이 성숙해질 수 있는 데가 아니었습니다. 몇 번 신학교를 그만두기도 했습니다. 하지만 갈 곳이 없었습니다. 그나마 거기서 조금은 위안을 얻었습니다. 물론 구도자를 위한 영적 위안은 아니었습니다. 신학이라는 학문의 매력이 주는 위안이었습니다. 문학, 철학, 역사학, 심리학, 사회학 등 인문학적 텍스트들이 결집된 게 신학이었고, 나는 그 신학의 신비한 매력에 위안을 얻은 것입니다.

인간의 불완전성, 존재의 모순, 한계 선상의 인간, 이것이 인간에 대한 신학적 이해였습니다. 그 인간 이해의 한 표현 방식이 '죄인'이었습니다. 죄인으로서의 인간, 그것은 불완전성, 모순, 무능, 한계 같은 것들을 표상하는 말이었습니다. 그제야 비로소 깨달았습니다. 교리적으로 귀에 딱지가 앉도록 들었던 '죄인'이란 말의 참뜻을. 아렌트에게서 인간 이해의 기초를 깨닫게 되었고 인간이 스스로 구원받을 수 없는 존재라는 사실 앞에 무릎을 꿇어야 했습니다. 신학교를 졸업하고 여차여차해 목사가 되었습니다. 목사가 직업이라면 난 목사가 되지 않았을 것입니다. 이것이 구도자의 삶이고 이 구도자의 삶을 함께 살아갈 사람들과 공동체를 이루는 것이 교회라 이름하고 있기 때문에 나는 교회 안에서 목사인 것입니다.

나를 목사로 만든 것은 어머니의 기도가 아니라 아렌트의 인간 이해였습니다. 하지만 어머니의 기도가 유효해, 그 기도 덕분에 내 심장이 아렌트에게 문을 열었으리라, 한발 물러서서 생각하기도 합니다.

# 목사에게도 견딜 수 없는
## 날들이 있다


견딜 수 없는 날들이 있었습니다. 목사에게도 그런 날들이 있습니다. 목사라고 늘 하나님 품 안에서 공갈젖꼭지 물고 재롱이나 부리며, 막내동생 같은 삶을 살지 않습니다. 목사에게도 견디기 힘든 일들이 있고 그 일 앞에 폭포수 같은 눈물을 쏟을 때도 있습니다. 절망의 바닥으로 내동댕이쳐져 손가락 하나 까딱하지 못할 정도로 무기력해질 때도 있습니다. 사람처럼 힘든 게 없을 때도 있습니다. 그래서 사람들은 사람을 상대하기보다 개나 고양이를 상대하며 살려 하는지도 모릅니다.

이럴 때 난 기도하면 되지 않느냐고 말하지 않습니다. 누구든지 기도할 힘조차 없을 때가 있다는 것을 알기 때문입니다. 어떤 때는 밤늦도록 술잔을 기울이며 마음을 쏟아놓는 친구가 하나님보다 더 위로가 될 수도 있습니다. 만져지지 않고 보이지도 않는 하나님보다 눈앞에서 얘기를 들어주고 손을 잡아주는 친구가 인간에게는 더 현실적이고 위로가 될 수 있기 때문입니다. 하나님이 우리에게 친구를 주신 이유입니다. 무조건 기도하세요, 말씀 보세요, 감사하세요 따위의 권면처럼 허무한 것도 없습니다. 고통받는 삶 가운데 들어가서 함께 울어주고 함께 잔을 채워주며 술을 마셔주는 친구가 인생에는 큰 자산입니다. 그런데 목사라는 직함이 그런 관계를 방해합니다. 여전히 목사는 어려운 존재입니다.

간혹 목사와 교인 사이에 유치한 사건들이 발생합니다. 공금 유용이나 성 문제, 세습과 같이 눈에 띄는 목사의 부조리 때문에 발생하는 사건이 아니라 유치할 정도로 사소한 일들로 사람을 아프게 하는 경우가 있습니다. 천사 같은 얼굴을 하고 있다가도 자기 이해관계에 맞지 않을 때 잔혹하게 표변하는 게 사람입니다.

계획한 것은 아니지만 대형 마트에 갔다가 보드카 한 병을 샀습니다. 내 주제에 과분한 돈을 쓴 것입니다. 그거라도 몇 모금 마시면 속이 좀 풀릴까 싶었습니다. 견딜 수 없는 날이었습니다. 아내 몰래 술병을 감추어두고 며칠을 보냈습니다. 아내가 잠든, 늦은 밤에 마시려고 뚜껑을 따는 순간, 진한 알코올 냄새가 영혼의 속살을 찔렀습니다. 예전에 술에 취해 흐리멍덩해졌던 기억들, 식도에서 올라오는 알코올과 위산이 뒤섞인 냄새의 기억들이 불쾌하게 나를 자극했습니다.

나를 두렵게 한 것은 그뿐이 아니었습니다. 그래도 명색이 목산데 아무리 힘들어도 술로 그걸 잊어보겠다는 나 자신이 너무 초라하고 비굴해 보였습니다. 보드카 한 병을 입도 대지 않고 변기에 쏟아버렸습니다. 물을 내렸는데도 욕실에 보드카 냄새가 가득 찼습니다. 그 냄새가 역겨웠습니다. 그건 알코올 냄새가 아니라 나의 내면에서 올라오는, 자신에 대한 혐오의 냄새였습니다. 하수구 냄새처럼 역겨웠습니다.

내가 목회를 하면서부터는 생활비도 못 줘 아내에게 미안했습니다. 늘 쪼들리는 삶을 살면서도 목사의 아내라는 멍에를 메고 희생을 강요받는 아내에게 이까짓 일로 거금을 쓰고 그것을 변기에 쏟아버리는, 미친 짓을 한 내가 한심해서 미칠 것만 같았습니다. 아내가 깰까 변기를 붙잡고 소리 나지 않게 오래 울었습니다.

목사에게도 견딜 수 없는 날들이 있습니다.

# 첫 번째
# 거짓말

초등학교 1학년 때였습니다. 담임선생님이 이솝우화를 이야기해주었습니다. 도덕책인가에 나왔던 것 같습니다. 자기 풀밭의 풀을 다 뜯어 먹고 건너편 풀밭으로 가려고 외나무다리를 건너는 중 양보하지 않고 싸우다 떨어진 두 염소 이야기였습니다. 이야기를 다 마친 선생님이 우리에게 질문했습니다.

"염소 두 마리가 어떻게 하면 싸우지 않고 외나무다리에서 떨어지지도 않을까요?"

나는 손을 번쩍 들고 이렇게 대답했습니다.

"상대방이 다리 건너기를 기다렸다 다음에 내가 건너고, 다시 둘이 외나무다리를 함께 건너서 사이좋게 풀을 먹으면 됩니다."

선생님은 나를 매우 칭찬하면서 이렇게 물었습니다.

"넌 어떻게 그런 훌륭한 생각을 했니? 혹시 어디서 배운 거야?"

나는 씩씩하게 답했습니다.

"네, 우리 교회 주일학교에서 배웠습니다."

하지만 거짓말이었습니다. 어디서 주워들었는지 내 생각이었는지는 확실치 않으나 교회에서 배운 게 아닌 건 확실했습니다. 내가 거짓말을 한 이유는 나를 얕잡아 보지 않게 하기 위해서였습니다. 내가 다니는 교회와 주일학교는 유치한 율동이나 찬양을 하는 수준 낮은 집단이 아니라는 것을 항변하고 싶었습니다.

내가 교회 다닌다는 것을 우리 반 사내놈들은 다 알고 있었습니다. 일요일 아침에 특별한 이벤트를 벌이며 산으로 들로 쏘다니기 좋아하던 아이들, 남성성으로 넘쳐나던 똘끼 충만한 아이들이 일요일 아침마다 교회에 가는 나를 놀렸습니다. 손 유희나 찬양 율동 같은 계집애 놀이나 하러 교회나 가는 나를 좀생이 취급했던 것입니다. 또래 사내들이 보기에 내가 다니는 교회는 적어도 그런 곳이었습니다. 나의 거짓말은 그 애들에 대한 반작용이었습니다. 내가 다니는 교회는 이런 것쯤은 가르쳐주는 수준 높은 집단이라는 것을 말하고 싶었던 것입니다. 기억하기로 내 생애 첫 번째 거짓말이었던 것 같습니다. 아마도 내 대답에 선생님이 부정적인 평가를 했다면 나는 그 조숙한 거짓말을 하지 않았을 것입니다.

돌아보면 나는 교회로부터 속고 살았습니다. 모태신앙으로 성장한 내가 다니던 교회와 목사님은 축복과 저주라는 이분법적 공포를 주입했습니다. 하나님을 잘 믿으면 축복받고 그렇지 않으면 저주받는다는 것입니다. 하나님을 잘 믿는다는 것에 대한 구체적인 설명은 기억나지 않습니다. 다만 교회에 잘 다니는 것이 하나님에 대한 믿음의 핵심이라는 데 내 인식의 끝이 닿아 있는 것으로 보아 그렇게 배운 것 같습니다.

기독교가 그거밖에 안 되는 집단이었나? 예수와 십자가가 자기 편에 서서 자기의 소원이나 들어주는 잡신 같은 존재와 상징이었나? 인간의 사소한 삶의 문제나 거들어주면서 제삿밥이나 얻어먹는, 애굽이나 바빌론의 잡신들 같은 존재였나? 내가 교회를 통해 알게 된 하나님과 예수님은 그런 유치한 존재였습니다. 하나님은 성경의 장대한 서사의 물줄기 가운데 도도하게 흐르는 우주적 절대자가 아니라 부뚜막이나 장독대를 지키면서 성미聖米나 십일조 같은 제물이나 탐내는 조왕신 같은 존재로 주입됐습니다.

교회가 하나님을 옹졸하게 만든 것입니다. 도덕적 결함이 많은 사기꾼들도 예수님을 자기편이라고 우기기만 하면 면죄해주고 무조건 천국으로 보내주는 파렴치한 잡신으로 만든 것입니다. 십자가를 자동차나 가정을 수호하는 가정신의 부적처럼 만들었던 것입니다. 예수가 그런 분이었나?

요절을 암기하고 괄호에 빠진 단어를 채워 넣는 식의 유치한 성경 공부를 통해 주입받은 하나님과 예수님은 그런 것들이었습니다. 하지만 그것은 교인들의 지성을 모독하는 일입니다. 지금은 그런 시대가 아닙니다. 고등교육을 다 받은 사람들입니다. 그런데 아직도 그런 류의 성경 공부 교재가 대부분입니다. 이제 우리의 지성은 대하 장강같이 도도히 흐르는 서사의 강물 같은 하나님, 우주에 창일하는 은하의 바다에 미소 짓는 하나님, 그 하나님의 큰 모습을 보아야 합니다. 문답식 성경 공부와 교리 공부로 그게 보일 수 없습니다.

# 하나님의
# 딜레마

설화는 전승되는 과정에서 첨삭이 이루어집니다. 구전 과정에서 변형이 이루어지는 부분을 보면 지역이나 계층의 정서나 신념, 이데올로기가 작동하는 것을 볼 수 있습니다. 다음 글은 다일공동체 대표 최일도 목사가 들려준 에피소드입니다.

> 산길을 가다 호랑이를 만난 순례자가 기도했습니다.
> "하나님, 제발 저를 살려 주세요!"
> 그런데 호랑이도 이렇게 기도하는 것이었습니다.
> "하나님, 일용할 양식을 주셔서 감사합니다."
> 과연 하나님은 누구의 기도를 들어주셨을까요?
> 어린 저에게 어머니는 이렇게 답해주었습니다.
> "호랑이가 순례자를 맛있게 잡수셨단다. 하나님은 '청원기도'보다 '감사기도'를 먼저 들으시기 때문이지."

최일도 목사의 어머니가 어린 아들에게 신앙의 교훈으로 들려주었다는 이 이야기의 메시지는 '감사하라'입니다.

이야기의 원형을 유추해보면 '감사'라는 교훈은 애초에 없었을 것입니다. 이 이야기는 순례자와 호랑이의 기도 가운데 누구의 기도를 들어줘야 할지 난감해진 하나님의 모습이 주된 이미지입니다. 이것은 딜레마에 빠진 어리숙한 하나님의 모습이 아니라 상호 경쟁적인 두 세계가 하나님을 편파적으로 이해하는 문제를 다룹니다.

이런 모순은 마크 트웨인의 소설 『전쟁을 위한 기도』에 극명하게 나타납니다. 이 소설은 전쟁터에 나가는 자식을 위해 승리와 무사 귀환을 염원하는 교인들의 뜨거운 기도를 풍자적으로 묘사합니다. 내 자식을 위해 타인의 자식을 죽여 달라고 하나님께 청원하는 모습을 해학적으로 그립니다. 여기에서 하나님은 어느 한쪽의 기도를 들어주게 되면 죄 없는 다른 한쪽을 희생시키는 오류를 범하게 됩니다. 마크 트웨인은 소설에서 하나님의 딜레마를 통해 이기적이고 편견에 사로잡힌 기독교를 풍자합니다.

호랑이와 순례자 이야기의 원형도 이런 하나님의 딜레마에 있었을 것입니다. 이 얘기는 애초에 이기적인 신앙인의 태도를 풍자하려 했을 것입니다. 하지만 이야기가 한국교회를 통해 유통되면서 '감사'라는 조건만으로 순례자의 생명을 인정머리 없이 호랑이에게 던져주고 마는, 단순하고 옹졸하기 그지없는 하나님으로 뒤바뀐 것입니다.

여기에는 조건이 충족되면 아무 고민 없이 기도에 날름 응답해주는 자동 인형 기계 같은, 영혼 없는 하나님의 모습이 투영되고 있습니다. 한국 교회의 종교적 편견과 이기적 신앙의 심성이 만들어낸, 자판기 같은 하나님의 모습입니다. 이런 싸구려 교훈에 현혹되어 사람들은 자판기에 동전을 투입하듯이 반대급부를 당연히 기대하면서 기도하게 됩니다.

기도를 특화해서 종교상품으로 팔고 있는 한 대형교회가 있습니다. 기도하면 다 들어주신다는 주술과 부적을 사기 위해 순진한 사람들이 그곳에 몰려들고 있습니다. 하지만 하나님은 안 들어주시는 기도도 있습니다. 자본가의 감사기도보다 생명의 위협을 느끼고 두려움에 떠는 연약한 노동자의 생명을 더 사랑하기 때문입니다. 또 연약한 노동자의 생명을 더 사랑하지만, 그의 개인적 삶의 정황과 인생의 맥락에 따라 기도를 들어줄 수 없는 경우도 있습니다. 그러므로 기도하면 무조건 다 들어주신다는 말처럼 무책임한 말도 없습니다.

기도 만능주의로 하나님을 딜레마에 빠뜨려서는 안 됩니다.

# 하나님은 왜
# 죄 없는 사람까지 죽였나

하나님은 사람을 마구잡이로 죽이는 광신인가? 눈을 열고 구약성경을 읽다 보면 이런 의문이 들 때가 있습니다. 광야에서 죄 없이 떼죽음을 당한 사람들을 자주 만나기 때문입니다. 고라의 반역으로 인해 죽은 사람이 1만 4,000명이었습니다. 이스라엘 남자들이 모압의 성전 창기들과 음행한 사건으로 죽은 사람이 2만 4,000명이었습니다. 다윗이 통치 말년에 행한 인구조사로 인해 죽은 자들이 7만 명이었습니다. '1만 4,000명 중에 고라의 반역에 직간접적으로 가담한 자가 몇 명이나 될까? 죽은 2만 4,000명 모두가 모압의 창기들과 그룹 섹스한 자들인가? 다윗의 인구조사가 죄가 된다면 그 책임을 다윗에게 물어야 할 것인데, 하나님은 왜 죄 없는 7만 명의 백성을 죽여버렸는가? 하나님은 광기를 부리는 잔혹한 신인가?' 하나님은 사랑이라고 말한 부분을 읽다가 이런 대량 학살 장면을 만나게 되면 크게 당황하게 됩니다.

그런데 이 죽은 무리의 숫자는 각기 다르지만 하나의 공통점이 있습니다. '무리'라는 것입니다. 구약성경에 쓰인 이 말의 히브리어는

'에다'라고 하는데 '특별한 목적을 위해 한 곳에 모인, 많은 사람'을 뜻합니다. 회의나 제의를 위한 목적을 가지고 모인 무리라는 뜻입니다. 그런데 이런 무리가 원래의 목적에서 이탈하여 방향을 상실하게 될 때 그들 대오는 집단적으로 악에 빠지게 됩니다. 그 집단에 속한 개인이 선택하지 않았음에도 불구하고 그가 그 집단에 속한 것만으로도 방향 상실의 문제를 함께 겪는 것입니다. 민주주의 사회에서 부도덕하고 무능한 후보자를 선택한 유권자에 의해 그렇지 않은 다른 유권자들까지 고통을 당하는 경우와 같습니다.

이때 무리는 각성하지 않고 한곳에 몰려 있는 사람들이라는 뜻입니다. 우리 시대에는 대중大衆이란 말을 사용합니다. 대중가요, 대중문화, 대중식당, 대중목욕탕, 대중심리 등의 용법으로 쓰입니다. 여기서 접두어로 쓰이는 대중은 개성 없는 무리, 교양이나 지성이 드러나지 않는 군상들이 집단화된 형태입니다.

구약성경에는 이러한 대중에 의해 발생하는 사건들이 많습니다. 이스라엘 백성들이 출애굽하던 광야 여정에서 모세가 제일 먼저 마주친 것은 홍해의 기적이 아니라 홍해의 기적 직전 백성들의 원성이었습니다. 바다가 앞에 가로막힌 상황에서 군마를 달려 추격해오는 애굽의 병사들을 보고 그들은 집단적으로 모세에게 항의하기 시작합니다. 차라리 우리를 애굽에서 죽게 하지 여기까지 끌고 와서 죽게 하냐고 집단 항명을 합니다. 광야에서도 마실 물이 없다며 모세에게 집단 항의를 하고, 먹을 양식이 없다고, 고기가 먹고 싶다고 항의합니다. 모세의 지도체제에 돌을 던진 것입니다. 이때 집단화된 무리, 이들이 대중이었습니다.

대중은 자기 지성과 의지로 판단하고 결정하지 못합니다. 그 때문에 누군가의 속삭임에 쉽게 넘어가고 선동에 쉽게 동화되며 여론에 휩쓸립니다. 그래서 대중은 프로파간다의 표적이 됩니다. 대중은 거짓 선동과 가짜뉴스를 분별하지 못합니다. 사실을 알고 진실을 깨우치기보다 말들의 이미지에 포획되어 합리적인 선택을 하지 못합니다. 대중은 파도에 휩쓸려 다니는 대량 플라스틱 폐기물처럼 자기의식 없이 몰려다닙니다. 대중은 그 자체로 죄의 속성을 내포한 집단입니다. 대중에 속한 자는 자기 의지와 무관하게 죄를 짓게 되는 것입니다.

대중은 사유하지 않습니다. 진실에 무지하고 경박합니다. 조작되는 여론의 희생양들입니다. 이런 사람들이 역사의 진실을 왜곡하고 시대를 병들게 합니다. 극단적으로는 나라를 망치기도 합니다. 투표는 개인의 자유지만 내 투표가 진실을 왜곡하고 한 사회를 망치는 결과를 낳는다면 나를 누군가에게 투표하게 한, 그 대중적 흐름이 만든 죄의 대열에 나도 참여함으로써 죄인이 되는 것입니다. 거짓에 동조한 무지無知, 그것이 대중에 속한 개인의 죄입니다.

가나안을 정탐하러 갔던 열두 명의 사람 중에 두 사람만이 가나안에 대한 하나님의 비전을 확인했습니다. 열 명의 무리는 하나님의 비전이 아니라 그 땅의 이미지를 보았습니다. 이미지는 본질을 왜곡하고 비전을 왜곡합니다. 열 명의 정탐꾼이 던진 비전 없는 말을 들은 이스라엘 백성들은 두 사람의 정탐꾼에게 돌을 던집니다. 10대 2라는 수치만으로 진실을 이해하려는, 어찌 보면 다수결의 원칙이라는 민주주의 원리에 따라 이들은 비전을 포기했던 것입니다. 그것이 바로 대중의 모습입니다.

그 무리는 모두 광야에서 죽었습니다. 비전을 보지 못하면 오늘만 살다 죽는 것입니다. 오늘만 살고자 하는 무리는 내일이 의미 없습니다. 그것이 하나님께서 무리를 죽인 이유입니다.

# 교회 마트로
가요

'손님은 왕이다'라는 말을 처음 사용한 사람은 스위스의 세자르 리츠 César Ritz였습니다. 그는 작은 호텔의 소믈리에로 일하다가 호텔 지배인을 거쳐 파리에서 궁전을 본뜬 호텔을 개업했습니다. 리츠의 호텔은 실제로 왕족과 귀족들이 주로 이용했습니다. 자연히 왕을 손님으로 모시는 일이 그 호텔의 기본 서비스 시스템이 됐습니다. 이것이 호텔의 일반적인 서비스가 되면서 고객들은 호텔에서 왕의 의전을 받을 수 있게 되었습니다. 이런 의전은 고급 호텔일수록 더 고급화될 수밖에 없습니다.

모든 인간에게 보편적 자유를 가져다준 것은 시민혁명이 아니라 자본주의 시장경제였습니다. 자본주의는 화폐로 만민에게 평등을 선물했습니다. 누구든지 돈만 있으면 왕과 같은 의전을 받게 했기 때문입니다. 신분제 계급사회를 파괴해야만 자본주의가 성장할 수 있었던 것입니다. 그런데 자본주의 시장경제는 또 다른 신분제를 낳고 말았습니다. 계급을 타파한 화폐가 또 다른 계급의 지위를 갖게 된 것입니다. 누구든 돈만 있으면 그것으로 자기의 신분을 바꿀 수 있게 되었습니다. 그런데 이 신분이 품격을 잃을 때 속된 말로 갑질을 하게 됩니다.

막스 베버Max Weber는 자본주의 정신을 청교도 정신에서 찾으며 그것의 미래를 긍정적으로 전망하였습니다. 한편으로는 자신의 책 『프로테스탄티즘 윤리와 자본주의 정신』 말미에 자본주의가 그 정신을 잃게 될 때 나타날 수 있는 문제에 대해 경고했습니다. 그는 자본주의를 매우 보수적인 시각에서 바라보고 긍정했지만, 그것이 가지고 있는 태생적 한계를 알고 있었습니다. 그것이 얼마나 천박해질 수 있는지를 꿰뚫어보았습니다.

베버의 이러한 우려는 너무 일찍 현실로 나타났습니다. 자본을 무기로 한 시장 쟁탈전이 제국주의를 발흥시켰고 인간의 윤리와 도덕 감정마저 무너뜨렸습니다. 심지어 하나님의 이름으로 식민지 백성의 고혈을 짜고 타자의 생명을 빼앗는 데 주저하지 않았습니다. 종교개혁 이후 개신교의 시작과 자본주의 발흥이 궤를 같이하면서 탐욕적 자본주의는 교리적인 지원까지 받았습니다. 이것은 식민지를 향한 제국 자본의 비도덕성에 대한 면죄부였습니다. 미개한 부족에게 복음을 전하고 개화시키는 것을 기독교의 지상과제로 삼은 것은 그러한 맥락에서 나온 선교 패러다임이었습니다. 가톨릭과의 선교 경쟁이 시작된 것은 바로 자본주의가 발흥하던 때였습니다.

개신교회의 토대가 이렇다 보니 교회는 전도(선교)의 사명을 최우선으로 삼을 수밖에 없었습니다. 자본주의의 시장 쟁탈전이 전도(선교)라는 이름으로 각색되면서 교회는 거리낌 없이 성장이라는 진화론적 시장 담론을 받아들이게 됩니다. 교회 안에 전도, 부흥, 성장과 같은 말들을 의심 없이 성경의 텍스트처럼 받아들이게 된 이유도 여기에 있습니다. 교인의 수를 구원받은 사람의 수로 보는 교리와 시장에서의 이익이 동의로 사용되기 시작했던 것입니다.

시장은 고객의 인격과 자질을 평가하지 않습니다. 그가 지불하는 화폐의 단위와 수량만을 평가합니다. 마찬가지로 교회는 예수님을 따르는 것으로 교인의 신앙을 평가하거나 구원을 논하지 않습니다. 세례받고 교회의 멤버십을 갖기만 하면 구원에 이른 것으로 인정합니다. 실천적 행위와 무관하게 은혜로만 구원받는다는 교리, 의롭다 칭함을 받는 수동적 구원의식의 뿌리에는 '칭의론'이 있습니다. 칭의론은 오늘날 기독교를 타락시킨 주범이라는 혐의를 면키 어렵게 됐습니다. 값싼 은혜와 값싼 구원이 대량 생산된 플라스틱 용기처럼 교회에 넘쳐나게 된 이유가 여기에 있습니다.

칭의론과 구원론이 자본주의 시장경제 패러다임과 함께 교회에 안착하면서 교인들의 태도는 그에 맞추어 변화해갔습니다. 교회가 시장의 고객들로 채워지기 시작한 것입니다. 교회는 기본적으로 죄인들의 모임이며 회개와 성찰, 자기 포기를 통해 타자를 존중하고 배려함으로써 구원에 이르게 하는 사랑의 공동체입니다. 그런데 이젠 교인들이 그런 교회의 가르침을 소중히 여기지 않습니다. 내가 낸 헌금으로 교회가 운영되고 목회자에게 월급이 지급되니 내가 이 교회의 고객이고 왕이라고 생각하게 된 것입니다. 그것이 의식적이든 무의식적이든 교인들의 생각과 신앙 패턴을 바꾸어 놓은 것은 분명합니다.

이런 의식 때문에 교인들은 사소한 일로 언성을 높이고 비난하기 좋아하며 여차하면 교회를 박차고 나가는 걸 대수롭지 않게 여깁니다. 여기 아니면 교회 없나, 하는 태도입니다. 시장에서 상품을 고르는 것처럼 교회와 신앙도 상품으로 보고 많은 선택지 중 하나로 생각하는 것입니다. '교회를 애용해주셔서 감사합니다'라는 인사를 받고 싶어 하는 무의식적 욕구가 교인들의 종교 생활 밑바닥에 깔려 있습니다. 교인들은 신앙생활을 하는 게 아니라 종교를 소비하는, 왕 같은 손님이 되어버렸습니다.

이러한 교인 갑질을 부추긴 것은 기본적으로 자본주의에 있지만 다른 한편으로는 심리학에도 원인이 있습니다. 교회가 심리학을 무비판적으로 유입해서 그것을 과도하게 사용했기 때문입니다. 자기반성과 회개, 낮아짐, 자기 포기, 섬김 같은 전통적인 기독교 덕목보다 자존감을 높이는 쪽으로만 심리학을 과용했기 때문입니다. 교회가 질서 가운데 하나님을 만나고 이웃을 섬기는 공동체가 아니라 이기적으로 분화된 개인의 욕구를 충족하기 위한 플랫폼이 된 것입니다. 사람들은 이제 어디서도 자기 포기나 양보를 모릅니다. 회개는 의례화된 교회 이벤트가 되었고 심리적 자기 위안의 수단이 되었습니다.

교회가 마트가 된 것입니다. 왕 같은 제사장이 아니라 왕 같은 고객님들이 진상을 떠는 마트, 주일 아침이면 사람들이 교회 마트로 갑니다. 목사들은 타락하고 교인들은 오염됐습니다. 그리고 교회는 방향을 잃었습니다. 예수님은 없고 교회만 있기 때문입니다.

## 예배의 치매에서
## 깨어나라

'사람이 무엇인가'에 대한 철학적 논의와 과학적 이해들이 많이 있습니다. 철학은 주로 존재론의 시각에서, 과학은 생물학적인 시각에서 인간을 이해하려고 하였습니다. 신학은 기원과 운명의 차원에서 인간을 이해하려고 하였습니다. 인간을 세계 내 존재이면서 세계를 초월하는 존재로 이해하려는 것이었습니다. 현존재이면서 초월적이고, 실존적이면서 내재적인 존재로 생각해온 것입니다. 톨스토이는 인간의 이러한 특성을 고려하여 그의 단편소설 「사람은 무엇으로 사는가」에서 '사랑'이 인간을 인간답게 만들고 내재적이고 초월적인 종교적 특성을 잘 드러낼 수 있다고 말합니다. 그렇습니다. 사람은 여기 있으며 없고, 지상에 집을 짓고 살면서 원형 세계를 동경합니다. 생물학적이면서 영적이고 현실적이면서 내재적입니다.

인간에 대한 이해가 다른 영역에서도 심도 있게 진행되고 있습니다. 이른바 뇌과학이라는 분야입니다. 생물학적 조건 가운데 있는 인간의 정신을 이해하기 위해 뇌 부분을 별도로 떼어서 이해하고 연구하는 학문입니다. 의학을 넘어 전기, 화학, 물리 등 자연과학의 메커니즘 안에서 인간의 뇌 구조와 정신활동을 이해하려는 것이 뇌과학의 영역입니다.

이 뇌과학에서 바라본 인간 뇌 구조와 정신활동의 기초는 뉴런과 시냅스에 있습니다. 뇌를 관장하는 신경세포를 뉴런이라고 합니다. 이 뉴런의 양쪽 끝에 개구리 발가락같이 생긴 돌기들이 있는데, 이것을 시냅스라고 합니다. 인간의 뇌에는 1,000억 개 내외의 뉴런이 있는데, 이는 지구상에 있는 포유류 중 가장 큰 용량입니다. 하지만 돌고래나 고양이 등과 같은 다른 포유류 동물들의 체중이나 체적 비율에 따른 뇌 용량에 비하면 상대적으로 적은 용량이라고 합니다. 이는 인간의 지능이 다른 포유류보다 더 높은 이유가 뇌의 용량 때문이 아니라 시냅스의 다양한 접촉 패턴에 있음을 말해줍니다.

1,000억 개의 뉴런 각자가 가지고 있는 시냅스의 총량은 1,000개에서 1만 개 정도입니다. 그러니 $1,000억 \times 1,000 \sim 10,000 = 100조 \sim 1,000조$ 개의 시냅스를 가지고 있는 것입니다. 이 시냅스들이 다른 시냅스들과 다른 방식으로 연결될 때 그것의 경우의 수는 수학적 이해로 설명하기 어려울 만큼 엄청납니다. 시냅스가 다른 시냅스와 어떻게 어떤 방식으로 연결되는가에 따라 사람의 생각과 행동 패턴이 달라집니다.

그런데 사람의 뇌는 시냅스의 반복되는 접속 패턴을 제외하고는 다른 접속 패턴을 버리게 됩니다. 현대사회는 같은 패턴을 반복하게 함으로써 인간이 가지고 있는 고유한 특성들을 많이 잃어가고 있습니다. 생각하지 않는 삶의 태도, 미디어에 의존하는 생활 패턴, 전체를 보기보다 부분에 집착하는 태도, 외부 세계에 대한 정보를 과도하게 시각에 의존하려는 태도 등은 인간이 가진 고유한 특성들을 파괴하는 행위입니다. 독일의 세계적인 뇌과학자 만프레드 슈피처Manfred Spitzer는 이러한 인간의 정신 구조에 나타나는 뇌 기능의 저하 현상을 '디지털 치매'라고 명명합니다. 현대인은 세계에 대한 이해와 정보를 인터넷이나 GPS 등과 같은 미디어에 지나치게 의존함으로써 스스로 문제를 이해하고 해결하는 능력, 인지능력, 사고력, 판단력, 암기력 등이 치매 수준으로 저하되었다고 합니다. 이는 굳이 뇌과학의 이론과 실험 결과를 빌리지 않더라도 우리가 지금 겪고 있는 문제들입니다.

휴대폰이 나오기 전에는 사오십 개의 전화번호를 외울 수 있었고, 내비게이션이 나오기 전에는 서울 김서방네도 물어물어 찾아갈 수 있었습니다. 도서관에서 다양한 아카이브를 통해 발로 뛰어 찾아낸 지식과 정보를 생각의 근육을 통해 숙성시킬 수 있었습니다. 하지만 지금은 가족의 전화번호조차 기억하지 못할 때도 있습니다. 어떤 정보가 필요하면 아무 생각 없이 컴퓨터나 스마트폰으로 검색부터 합니다. 인터넷으로 쉽게 얻은 정보는 오래 저장되지도 않고 생각을 발효시키지도 못합니다. 슈피처의 주장처럼 우리는 지금 디지털 치매에 걸려있습니다.

디지털 치매는 우리의 일상에서 뿐만 아니라 우리의 신앙에도 일어나고 있습니다. 하나님을 깊이 생각하고 느끼는, 명상과 독서를 반복하는 신앙 훈련이 아니라, 값싼 감흥에 젖음으로 심리적인 쾌감을 반복적으로 느끼려는 '종교적 상투성'에 빠진 것입니다. 우리의 뉴런은 시냅스가 어떻게 어떤 패턴으로 접속하느냐에 대한 기억으로 그것을 반복하게 되는데, 신앙생활도 같은 패턴으로 반복하다 보면 그것을 신앙의 전범처럼 인식하게 됩니다. 다른 신앙 패턴을 부정하는 것입니다. 문자주의와 근본주의는 그렇게 만들어집니다.

성경은 이와 같은 종교 생활의 상투성에 빠지는 것을 방지하기 위해 우리에게 본질을 향해 눈을 뜨라는 요구를 지속하고 있습니다. 하나님을 섬기는 것은 다양한 시냅스의 접촉점을 갖는 것입니다. 세계와 사물의 여러 측면에서 하나님을 보고, 다양한 사유의 단면을 자기의 영적 감각으로 만져보기를 하나님은 원하십니다. 그것은 단일한 종교적 패턴에서 나타나는 게 아니라 다층적이고 다원적인 시냅스의 접촉으로 경험할 수 있습니다. 교회에서 드리는 예배가 신앙의 전범이 아니라 우리의 일상에서 다양한 방식과 느낌으로 하나님을 경험할 수 있어야 한다는 말입니다.

구약성경 사사기 8장은 하나님을 기억하지 못하는 이스라엘 백성에 관한 얘기입니다. 이스라엘 백성은 지도자 기드온이 죽고 나자 하나님을 섬기는 과정에 필요한 복잡한 사유와 감각을 잃어버립니다. 그들은 사유하기를 포기한 대가로 조형물 앞에 절하고 감정을 고양하는 축제를 벌이는 쪽으로 신앙의 태도를 바꿉니다. 하나님에서 우상으로 그 대상을 바꾼 것처럼 보이지만 이들은 신앙의 태도를 바꾼 것입니다. 형상 없이 만유 가운데 내재하시는 절대자의 숨결을 느끼는 데는 지성의 훈련과 민감한 영적 센서가 필요합니다. 하지만 우상의 조형물에 절하는 것은 매우 단순한 종교적 의례만 있으면 됩니다. 삶을 단순화시키고 그것으로 위로와 쾌감을 누리려는 종교적 패턴이 바로 우상숭배입니다.

하나님을 기억하는 것에 대해 히브리 성경은 '자카르'라는 단어를 씁니다. 이는 '주의를 집중하다'라는 뜻입니다. 곧 '자카르'는 내적인 정신활동을 의미하는데, 이를 통해 외적인 행동으로 나아갈 수 있게 됩니다. 하나님을 기억하고 하나님께 예배하는 것은, 지성적인 사유와 통찰을 통해 세계 내 존재로서의 자기 위치를 확인하고 우주의 질서와 절대자의 통치 원리에 순종하며 교류와 소통을 게을리하지 않는 것입니다. 하나님에 대한 기억으로의 예배는 기억의 저장고로의 두뇌 활동이 아니라 생각의 근육을 키워 역동적으로 호흡하고 소통하는 하나님과의 관계입니다. 이것이 하나님을 기억하는 방식이며 예배의 의미입니다.

오늘날 많은 교회와 신앙인들이 종교 생활을 신앙생활로 착각하고 있습니다. 예배는 이벤트가 아니라 일상에서 절대자의 숨결을 느끼는 것입니다. 하지만 이벤트화된 예배에 길들면 디지털 치매에 걸린 것처럼 신앙의 깊은 곳에 들어가지 못하고 종교적 피상성과 예배의 상투성에 빠지게 됩니다. 사사기 8장 34절 "하나님을 기억하지 아니하며"는 이러한 예배의 치매에 빠진 이스라엘 백성에 대한 안타까움과 진노의 말씀입니다. 이 말씀을 간접 화법으로 바꾸어 말하면 예배의 치매에서 깨어나라는 뜻입니다. 생각 좀 하면서 믿으라는 말입니다.

# 우리 안에
# 날뛰는 무당들

다들 그럽니다. 기도하면 된다, 기도하면 들어주신다, 기도는 능력이다 등과 같은 말들을 기도의 전범처럼 얘기합니다. 기도가 뭔가에 대한 이해가 선행되기 전에 기도가 전투적으로 강요되는 게 한국 개신교회의 모습입니다. 삶의 절박함 때문에 하나님 앞에 무릎 꿇을 수밖에 없는 사람들의 간절한 외침으로써의 기도가 모든 기도의 전범이 되어버렸습니다. 그것이 기도의 전형이라고 말합니다. 그렇다 보니 집단 기도, 떼창 기도, 방언 기도 같은 것들이 교회를 지배하게 됐습니다.

이런 환경이 다른 기도의 유용성을 무력화시켜버리고 말았습니다. 조용히 자연을 관상하며 하나님과 내밀한 대화를 주고받는 기도, 사람과의 대화 가운데 찬찬히 들어주고 깊이 품어주는 기도, 제 있는 자리에서 조용히 눈을 감고 마음 깊은 곳에 들어가는 기도, 길을 걸으며 하는 묵상 기도, 좋은 예술작품을 감상하며 밀려오는 감동 가운데 하나님을 느끼는 기도, 세계와 사물의 내면으로 길을 내고, 그 길을 따라 들어가 하나가 되는 기도 같은 것들을 기도의 영역에서 제외해버리고 말았습니다.

집단 기도, 떼창 기도, 방언 기도 같은 것들이 요구하는 것은 교인들의 결집력입니다. 그것으로 기도하는 교인들을 결집해 교회의 조직을 강화할 수 있습니다. 이 과정과 이로 인한 결과들을 교회의 부흥이라고 말합니다. 오늘의 교회는 교회의 부흥을 위해 기도를 신앙의 한 유형으로 보지 않고 절대적인 기준으로 삼고 있습니다. 기도가 교회 부흥을 위한 하나의 종교상품이 되었습니다. 한국 교회에서 기도는 가장 잘 팔리는 종교상품이 되었습니다.

지방의 교단 행사에 한 대형교회 목사가 강사로 초빙된 적이 있었습니다. 그는 이미 '기도'라는 상품을 자신의 전매특허처럼 여기저기 떠들고 다니며 명성을 얻기 시작한 사람이었습니다. 행사장 입구에서 그가 저술한, 기도에 관한 여러 가지 책을 판매하고 있었습니다. 그 책들을 훑어보면서 기함을 하고 말았습니다. 마치 학부생의 난삽한 짜집기 리포트를 보는 것 같았습니다. 개념 설정도 어수룩한데다 인터넷에 떠돌아다니는 말을 생각 없이 긁어다 편집한 것 같은 조악한 구성을 보면서 이런 걸 자기 이름을 걸고 책으로 만들어 돈 받고 파는 그가 오히려 용감하게 보였습니다.

그는 공부하지 않은 사람이었습니다. 다만 기도를 종교상품으로 특화해 판매하는 상술이 있는 사람일 뿐이었습니다. 그런데 그의 교회에 그 기도 상품을 사기 위해 사람들이 줄을 서고 있습니다. 여기저기 불려 다니며 강연을 합니다. 내가 들었던 처음이자 마지막인 그의 설교(강연)는 충격이었습니다. 어쩜 저렇게 내용도 없고 앞뒤도 안 맞는 말을 횡설수설하며 용감하게 떠들 수 있을까? 용기勇氣를 동반한 무지의 질주를 보았습니다. 그런데도 사람들은 그의 기도 상품에 감동과 위로를 얻고 영감을 얻는다고들 합니다.

종교상품 기도의 또 다른 문제는 무속화 경향입니다. 무속의 가장 큰 특징은 합리적 사유보다 감각적 초월성에 경도되는 것입니다. 큰소리로 하는 방언 기도만으로 하나님과 소통할 수 있다고 믿는, 기도에 대한 무속적 이해 때문에 교회에 합리적 성찰이 사라지고 말았습니다. 부자 세습, 공금 유용, 성 추문 같은 일들이 일어나는데도 그 교회에 사람이 끊이지 않는 것은 이미 그 교회가 무속화 되었기 때문입니다. 교인들이 사유와 성찰 없이 무속적 영감에 사로잡혀 종속됐기 때문입니다. 종교의 형식만 다를 뿐 내적으로는 이미 무속의 기질을 공유하고 있는 것입니다. 기도 만능주의자들은 모두 기도 무당들이라 해도 과언이 아닐 듯합니다.

기도에 대한 이런 의식은 하나님을 나의 욕구를 충족시켜주기 위한 도구로 생각하게 만듭니다. '기도하면 된다'는 교회의 가르침은 박정희 대통령의 '하면 된다'를 종교적으로 각색한 상품입니다. 그것은 매우 폭력적인 구호이며 자기중심적인 태도입니다. 인간에게는 넘지 않아야 할 윤리적 경계선이 있습니다. '하면 된다'는 구호는 윤리적 경계선마저 허물고 목적을 달성해야 하는 태도를 요구합니다. 폭력적입니다. 그런데 교회는 이러한 폭력적 정치 도그마를 유산으로 물려받아 '기도하면 된다'고 가르칩니다. 인간의 의지와 힘만으로 안 되는 것들이 있기에 하나님 앞에 엎드리는 게 신앙입니다. 그런데 우리는 자신의 의지를 관철하기 위해 소리 지르며 하나님께 강압적으로 요구하는 태도를 보입니다. '(기도)하면 된다'는 유신 시대의 망령이 교회 안에 아직도 살아 춤추고 있는 것입니다.

이제 우리는 회복해야 합니다. 세계와 존재의 심연을 고요히 들여다보며 그 가운데 흐르는 절대자의 숨결을 느끼는 기도를 회복해야 합니다. 그런 기도 훈련을 해야 합니다. 잃어버린 기도를 찾는 일이 무너진 교회를 다시 세우는 첫걸음입니다.

그래서 나는 시험합니다. 떼창 기도를 하지 않아도, 프로그램으로 교인들을 뺑뺑이 돌리지 않아도 교회가 망하지 않고 건강하게 존립할 수 있는가를. 교육이라는 명목으로 종교 이벤트에 교인들을 내몰지 않고도 내적으로 깊어지고 성숙하며 인간과 세계를 통찰할 수 있는, 인격적이고 지성적인 신앙인을 만드는 것이 가능한가를. 그렇게 해도 교회가 망하지 않고 존립할 수 있는가를 나는 시험 중입니다.

교회가 망해서 문 닫는 게 문제가 아니라 교회 안에 무당이 날뛰는 게 더 문제입니다.

# 목사는
# 깡패다

넷플릭스 드라마 〈수리남〉의 메시지를 한마디로 말하면 '목사는 깡패다'입니다. 드라마는 마약상으로 온갖 더러운 짓을 다 하는 깡패가 목사 타이틀을 가지고 자신의 더러운 짓을 종교적 선행으로 위장하며, 그 조직원들을 세뇌하고 악의 카르텔을 구축하여 막대한 부를 얻는다는 이야기입니다. 드라마는 후반부로 갈수록 깡패 이야기가 아니라 교회 이야기로 읽힙니다. 신도들에게 마약을 먹여 정신적으로 자신에게 종속시키고 지배하는 전요환 목사의 방법은 종교를 마약이라고 말한 마르크스의 진언을 떠올리게 합니다.

종교가 마약이 되는 것은 합리적인 사유를 가로막기 때문입니다. 건전한 상식과 윤리적인 사유가 가로막히면, 사람들은 그가 깡패라는 사실을 알더라도 그에게 충성합니다. 종교로써의 마약, 마약으로써의 종교는 그래서 형용 모순이면서 논리적 타당성을 갖습니다.

황정민이 연기한 전요환 목사는 그의 적대자 첸진에게 무리한 요구를 할 때마다 '하나님의 뜻'이라고 말합니다. 이처럼 '하나님의 뜻'은 모든 것을 초월하여 절대성을 갖기 때문에 절대적인 힘을 과시하는 깡패의 언어가 되기도 합니다.

그런데 그 하나님의 뜻은 도대체 누가 압니까? 자신만이 하나님을 독점적으로 소유하여 그분의 생각과 뜻을 알 수 있다고 거짓말을 한들 그것을 알 방법은 없습니다. 눈에 보이지 않는 하나님, 오감으로 느낄 수 없는 그분의 뜻을 알 수 없습니다. 사기꾼들은 그것을 '영적'이라는 말로 사람을 속입니다. 종교 사기꾼들은 영적인 비밀이라는 말로 역사에서 많은 악행을 저질러왔습니다. 하나님의 이름으로 깡패 짓을 해왔습니다. 그래서 황정민의 "하나님의 뜻이라고, 이 개새끼야"라는 대사는 소름 돋도록 한국 근본주의 개신교회에 대한 풍자로 읽힙니다. 드라마의 이 장면은 우리 사회가 교회를 전요환 목사로 보고 있다는 것입니다. 교회가 사기꾼, 깡패, 마약상 같은 조폭 집단과 다르지 않다고 말하는 것입니다.

또한 체포될까 무서워서 비좁은 소굴(수리남)에서 한 발자국도 못나가는 깡패는, 합리적 시민사회에 건강하고 건전한 담론으로 한 발자국도 못 나가는 교회 안 목사에 대한 메타포일 수 있습니다. 그들은 합리적인 언어를 모릅니다. 경직된 교리적 언어 말고 할 줄 아는 말이 없습니다. 하나님, 영적, 복음, 은혜, 구원, 우상, 오직, 같이 환각을 일으키는 몇 개의 단어로 자기만의 영토에 갇혀 삽니다. 이런 단어 몇 개만 들이대면 순진한 교인들은 쉽게 합리적인 사유를 포기하기 때문에 가능한 것입니다.

그래서 드라마 '수리남'은 '깡패가 목사로 위장했다'가 아니라, '목사가 깡패다'로 읽힙니다. 한국의 근본주의 개신교회의 민낯을 그대로 보여주는 드라마입니다. 교회에 세습과 공금 횡령, 비자금, 성추행과 불륜같이 부조리한 일이 일어나도 사람들이 그 교회에 충성하는 것은 하나님이 아닌, 담임목사라는 거룩한 마약에 중독됐기 때문입니다. 하나님의 뜻이 그 거룩한 깡패에게 있다고 믿기 때문입니다.

그래서 드라마 〈수리남〉은 '목사는 깡패다'라는 뜻으로 읽힙니다.

# 인디언이 된
아내

난 믿음이 좋은 사람을 망치는 몇 가지 방법에 대해 알고 있습니다. 간혹 믿음이 너무 좋은 사람을 망치는 일을 합니다. 교회 밖에 있는 사람을 구원하기 위해 전도하기보다 교회 안에 있는 믿음 좋은 사람을 구원하는 일이 내겐 더 큰 사명일 때가 있습니다.

믿음이 좋다는 것과 착하다는 것이 한국 개신교 전통에서는 같은 맥락에서 인식돼왔습니다. 신데렐라콤플렉스 같은 것입니다. 착한 사람은 예쁘다는 암묵적 교시가 그 안에 작동하는 것처럼, 믿음이 좋은 사람이라는 말에는 순종적으로 지배받을 만한, 유순한 사람이라는 뜻이 함의돼 있습니다. 그래서 믿음 좋은 사람은 의심하는 것을 두려워합니다. 세계와 사물을 긍정적으로만 보려 합니다. 긍정의 마법에 걸려 현실을 제대로 인식하지 못합니다. 그로 인해 자신은 행복하지만, 자신이 속한 집단이나 사회는 구조적인 악에 쉽게 빠지게 됩니다. 그래서 믿음 좋은 사람이 많은, 보수적인 대형교회에서 목회자 비리가 많이 발생합니다. 믿음이 좋은 사람들은 본질과 전체를 보는, 통전적인 눈이 없기 때문입니다.

나의 아내는 착한 사람입니다. 믿음이 좋은 사람입니다. 매우 보수적인 신앙을 가진 사람입니다. 나는 그에 비해 매우 부정적인 사람이고 비판적이고 늘 삐딱한 시선을 가진, 불온한 사람입니다. 나는 아내의 그런 신앙의 태도를 탓하지 않고 아내 역시 나의 이런 성향을 탓하지 않습니다. 서로의 세계를 존중하는 걸 크게 어려워하지 않고 30여 년 동안 살아왔습니다.

하지만 나는 아내를 불편하지 않게 변화시키는 재주를 가지고 있습니다. 영화를 보고 이야기를 나누고, 음악을 듣고 토론하고, 급기야 살짝 불량한 책들을 던져주기도 합니다. 『나는 왜 너가 아니고 나인가』를 읽으라고 권했습니다. 류시화 시인이 아메리카 인디언들의 잠언과 연설, 어록들을 수집하여 편집한 책입니다. 아내는 이 책을 읽고 생각이 뒤집어졌습니다. 자기가 지난 50여 년 동안 걸치고 있던 교리의 껍데기를 보게 된 것입니다.

나와 아내는 어릴 적부터 교회가 가르치는 청교도들의 이미지를 내면화했습니다. 하지만 그것이 미국의 국가 이데올로기를 신앙의 이름으로 각색한 것에 불과하다는 것을 알게 됐습니다. 교회가 가르쳐준 게 아니라 교회 밖에서 알게 됐습니다. 교회 밖으로 나갔을 때 비로소 교회가 보였고 하나님을 떠났다고 생각했을 때 하나님이 내 곁에 계신 것을 알게 됐습니다. 내가 나인 것을 부정했을 때 비로소 내가 나인 것을 보게 된 것처럼, 난 교회와 하나님을 그렇게 다시 알게 됐습니다.

『나는 왜 너가 아니고 나인가』는 청교도들이 아메리카대륙에 가서 믿음을 지키고 복음의 왕국을 건설한 것이 아니라 야비하고 비열하게 원주민들을 학살하고 그들의 거주지에서 내쫓은 사실을 그들의 입으로 말하고 있습니다. 기독교인의 시각에서가 아니라 학살당하고 내어쫓긴 원주민의 시각으로 말하고 있습니다.

한편 이 책은 인디언들의 언어와 자연에 대한 이해와 태도가 얼마나 하나님의 성품에 가까이 있는지를 보여줍니다. 교리로 무장한 기독교인들이 자연을 통해 신을 이해하고 우주와 사람을 품었던 인디언들에 비해 얼마나 저급하고 야만적인지를 보여줍니다.

그래서 이 책을 읽게 되면 교리로 무장된 자신의 믿음 좋음이 얼마나 위선적이고 저열한 것인지 보게 됩니다. 하나님은 교리 안에 머무는 분이 아니라 우주와 자연 가운데 내재하는 인격체라는 사실을 깨닫게 됩니다. 믿음, 은혜, 구원, 사랑 같이 달달한 교회 언어를 넘어 초월적으로 역사하는 인디언식 하나님을 보게 됩니다. 우리에게 교회 하나님이 아니라 인디언식 하나님도 있다는 사실을 깨닫게 됩니다. 그것에 눈뜨려면 기성의 관념과 신앙을 깨뜨려야 합니다. 아내를 깨뜨리는 데 30년 걸렸습니다.

이제 아내가 내 안으로 들어왔습니다. 나도 아내도 인디언이 되어가고 있습니다. 아내가 말합니다. "내가 속한 기독교가 얼마나 위선적이었는가를 알게 됐"다고. 또 이렇게 말합니다. "이젠 진정한 신앙이 무엇인지 알게 됐고, 하나님을 더 깊이 사랑할 수 있게 되었"다고. 나는 우리 교회 교인들이 모두 인디언이 되기를 소망합니다.

# 고향으로 가는
# 가짜 티켓

여행은 예측 불가능한 사건과 세계에 나를 던져 넣는 일입니다. 낯선 세계에 나를 던져 넣음으로써 자신을 객관적으로 바라볼 수 있습니다. 여행은 발뒤꿈치 굳은살 같은 일상의 껍질을 벗고 존재의 속살을 드러내는 기회입니다. 일상의 굳은살을 벗겨내면 비로소 세계에 대한 촉감을 민감하게 느낄 수 있습니다.

하지만 여행은 돌아올 곳이 전제될 때 떠날 수 있습니다. 여행은 돌아갈 곳이 있을 때 아름답습니다. 돌아갈 곳에 대한 기대와 전망이 있는 삶은 아름다운 여행이 될 수 있습니다. 여행은 인생입니다.

돌아갈 곳 없이 떠도는 사람을 난민이라고 합니다. 돌아갈 곳이 없는 여정 가운데 있는 사람은 여행자가 아니라 난민입니다. 난민의 삶은 불안하고 누추할 수밖에 없습니다. 난민에게 닥친 문제는 경제적 빈곤이 아니라 존재의 빈곤입니다.

이방인의 땅에서 이방인으로 살아가는 존재는 불안합니다. 네팔의 포카라에 있는 티베트 난민보호소에서 만난 쌈둡 씨는 57년째 난민

생활을 하고 있었습니다. 일곱 살 때 중국군으로부터 아버지와 형제들이 학살당하는 장면을 목격하고 히말라야산맥을 넘어 네팔로 피난온 뒤 57년 동안 난민으로 살아온 것입니다. 그와 그의 가족은 난민 지위를 얻지 못한 처지라 일자리를 얻지 못하고 조악한 종교적 상징물들을 만들어 팔며 하루하루 연명하고 있었습니다. 그는 나에게 그 조악한 수공예품을 구매해 달라고 구걸하였습니다. 그를 더욱 불안하고 빈곤하게 만드는 것이 또 있습니다. 그의 기억에서 모국어가 점점 잊혀져가는 것입니다. 그의 자식과 손자들의 세대에서 모국어는 이제 사멸되었습니다. 고향을 떠나온 지 너무 오래됐기 때문입니다. 그것이 그를 더욱 슬프게 했습니다. 태어나고 자란 곳, 고향의 상실은 존재의 뿌리를 허약하게 합니다. 고국으로부터 점점 더 멀어지고 있음을 직감할 때 나타나는 징후입니다.

현대사회는 쌈둡 씨의 자녀들처럼 모국어를 잃어버리고 있습니다. 영혼의 풍성한 울림 대신 생물학적 감각으로 하루하루 살기 바쁘기 때문입니다. 유물주의적인 사고가 지배하는 세계에서 영혼의 감각을 가진 사람들은 시인과 성직자들이었습니다. 그들은 난민이 아니라 여행자이며 예언자들이었습니다. 사람들의 딱딱하게 굳은살을 꼬집어 영혼을 깨우는 일을 하는 사람들이었습니다. '어서 일어나 우리 함께 고향으로 돌아가자'고 외치는 사람들이었습니다.

질병과 죽음의 공포, 경제적 두려움, 소외의 감정, 욕망 같은 폭력성 앞에 옹졸하게 일그러진 게 인간의 본래 모습이 아니라고 그들은 외쳤습니다. 그들은 모든 생명이 다 존중받는 평등한 나라의 백성이라는 사실을 일깨웠습니다. 우리가 돌아가야 할 궁극의 나라, 우리의 고향이 육체의 삶 너머에 있음을 얘기했습니다. 예수님은 그 나라, 우리의 본향本郷에 대한 비전을 보여주었습니다. 그리하여 이 땅에서의 삶이 모험을 동반한 여행이라는 사실을 일깨워줬습니다. 시련과 고난을 이기는 힘은 고향에 대한 그리움과 희망에 있기 때문입니다.

예수님의 삶과 사역은 늘 여행 가운데 있었습니다. 갈릴리의 길 위에서 그의 모든 행적과 사역이 이루어졌습니다. 길 위에서 복음이 선포되고 치유가 일어났습니다. 길은 여행자의 것입니다. 하지만 돌아갈 궁극의 고향이 없는 길은 난민의 길입니다. 그 길은 불안과 고독의 길입니다. 극심한 갈증과 허기를 유발하는 고통의 길입니다. 그러므로 돌아갈 고향이 없는 난민에게 길은 의미가 없습니다.

우리 또한 점점 돌아가야 할 고향에 대한 전망을 잃어가고 있습니다. 교회를 다녀도 고향에 대한 전망 없이 오늘 하루의 삶을 위해 하나님께 먹을거리를 풍성하게 내려달라고 애걸하는 난민처럼 빈곤해졌습니다. 교인들의 사업을 위한 축복기도와 자녀들의 수능 대박 기원 작정 기도회 같은 것으로 우리의 허기를 채우려 합니다. 심지어 자식에게 교회와 그 사업을 물려주기도 합니다. 고향으로 가는 길을 포기하고 낯선 이방의 땅에서 난민으로 살고자 하는 것입니다.

그러면서도 그들은 하나님 나라를 얘기하고 구원을 떠듭니다. 우리의 모국으로 돌아가기 위해 여비를 모으자고 떠들어서 거두어들인 돈으로 땅을 사고 집을 짓습니다. 그리고 그 집을 자식에게 상속합니다. 돌아갈 고향에 대한 전망 없이 고향으로 가는 가짜 티켓을 팔고 있는 것입니다.

# 어떻게
# 먹어야 하는가

예수님은 먹는 것을 탐하는 자였고 세리와 창녀의 친구였습니다. 그게 당대 종교 권력자들이 예수님을 바라보는 시선이었습니다. 모세의 율법에 따라 끔찍할 정도로 정결 의식을 강조하던 자들에게 예수님은 더럽고 추한 사람이었습니다. 하지만 그것은 유대인들의 전통 가운데 내재한 종교 이데올로기의 시각이었습니다. 그 이데올로기를 파괴하는 소프트 파워가 있었습니다. '사랑'입니다. 예수님의 '사랑'은 권력화된 종교 도그마를 파괴하려는 가장 인간적인 노력이었습니다.

그 사랑은 이념 지향적이지 않습니다. 사랑은 이념이 아니라 사람을 향해 있기 때문입니다. 존재를 향해 있기 때문입니다. 사랑은 존재의 기쁨입니다. 억압받는 사람들을 자유롭게 하며 굶주린 사람에게 먹을 것을 줍니다. 그래서 예수님이 복음을 선포한 후에는 먹는 이벤트가 뒤따랐습니다. 먹는 것은 사랑의 방법이며 존재의 기쁨이기 때문입니다. 복음을 선포하는(가르치는) 일과 먹는 일이 동시에 일어났던 것입니다. 복음을 듣는 사람들은 동시에 먹는 즐거움을 누렸습니다.

언제나 예수님이 가는 곳에는 먹는 즐거움이 따라다녔습니다. 그것이 사랑의 방법이었습니다.

그렇다고 예수님이 값비싼 음식을 풍족하게 먹는 것은 아니었습니다. 가난한 사람들과 거친 음식을 소박하게 나누었을 뿐입니다. 무엇을 먹느냐가 아니라 어떻게 먹느냐에 초점을 맞추었던 것입니다. 무엇을 먹느냐는 사회적 신분과 계급을 표시하는 수단이 되기도 합니다. '무엇'은 당파성이며 계급을 표상하는 말입니다. 그러므로 예수님의 '어떻게 먹느냐'는 '무엇을 먹느냐'에 대해 정면으로 대항합니다. '어떻게'는 사랑과 직결됩니다. 기쁨과 즐거움으로 귀착됩니다. 예수님의 식탁은 기쁨과 즐거움의 자리였습니다. 비싸고 풍성한 음식이 아니라 함께하는 이들과 기쁨을 나눌 수 있는 데 초점이 맞추어져 있습니다. 그것이 사람을 치유하고 회복시키는 일이라는 것을 가르쳐준 것입니다. 이것이 예수님이 보여준 지금, 여기의 하나님 나라입니다.

우리는 예수님의 '마지막 만찬'에서 값비싼 뷔페 같은 성찬을 떠올립니다. 우리말로 '만찬'이란 말이 그런 뉘앙스를 갖게 합니다. 레오나르도 다 빈치Leonardo da Vinci의 유명한 그림 〈최후의 만찬〉도 그러한 뉘앙스를 갖습니다. 하지만 다 빈치의 〈최후의 만찬〉에 나오는 음식은 풍성한 느낌을 주지 않습니다. 오히려 소박한 음식들로 차려져 있습니다. 다만 다 빈치가 최후의 만찬을 설정한 공간 구조와 식탁의 배치를 보면 매우 의례적입니다. 날카로운 선과 정형화된 공간, 질서 있는 식탁 배치, 그리고 제자들의 정결한 복장을 보면 만찬 자리가 엄숙한 종교적 의례를 행하기 위한 공간으로 설정됐다는 걸 알 수 있습니다.

제자들이 벌이는 논쟁의 긴장 가운데 예수님은 온화하고 인자한 모습으로 초월적 성인의 모습을 하고 있습니다. 지극히 종교적 도그마를 함의한 그림입니다.

거의 동시대에 베네치아에서 활동했던 야코포 바사노Jacopo Bassano는 전혀 다른 톤으로 같은 그림을 그렸습니다. 만찬 자리는 밝은 빛이 없는 협소한 공간입니다. 빛과 어둠이 대조를 이루는 좁고 침침한 방에서 지금 막 밥과 술을 먹고 나른한 모습으로 흐트러진 모습입니다. 마치 술 취한 자들의 주막집 분위기를 연상시킵니다. 방종과 나태함, 버릇없음, 노동자의 근육질이 식탁 주위에 날것으로 드러나 있습니다. 식탁 아래로는 제자들의 맨발이 방만하게 드러나 있으며 강아지조차 나른한 잠을 청하고 있습니다. 이런 비격식적인 만찬이야말로 예수님이 즐기던 자유와 방종의 식탁이며 기쁨의 정취였습니다. 다만, 바사노는 예수님의 시선을 명료하게 정면을 응시하게 함으로써 그 자유와 방종의 기쁨이 방탕으로 흐르지 않도록 경계하고 있습니다.

다 빈치의 〈최후의 만찬〉보다 바사노의 〈최후의 만찬〉이 훨씬 성경에 가까운 그림입니다. 다 빈치는 예수님을 초월적 종교지도자로 보았다면 바사노는 예수님을 기쁨을 나누는 친밀하고 신실한 타자로 보았습니다. 예수님의 식탁을 종교적 도그마로 본 것이 아니라 삶의 기쁨이며 치유와 회복의 교제로 본 것입니다. 예수와 함께하는 식탁은 치유와 회복이 일어난 식탁이었습니다. 그러므로 교회가 서로 음식을 나누는 애찬愛餐은 우리가 일상에서 나누는 식탁과 다른 의미를 갖습니다.

교회가 2,000년 동안 지켜온 성찬식은 예수님의 살과 피의 상징이며, 기쁨과 즐거움이 풍성하고 존재의 기쁨으로 충만한 만찬의 축약형입니다. 또한 희생과 헌신, 봉사를 통해 우리의 살과 피를 형제들과 함께 나누는 거룩한 의례입니다. 기쁘고 즐겁게 나누어 먹는 일이 곧 복음이며 치유와 회복을 위한 이벤트입니다. 그렇습니다, 복음은 이벤트입니다. 무엇을 먹느냐가 아니라 어떻게 먹느냐가 복음입니다.

　　즐겁게 먹고 마시는 것은 주님의 뜻입니다.

# 예수처럼 먹고
# 재즈처럼 살기

어릴 때는 그랬습니다. 도마에 칼질하는 엄마의 소리가 가장 좋았습니다. 그 소리는 곧 맛있는 음식이 밥상에 차려진다는 소리였습니다. 무쇠솥에 쌀밥이 뜸 드는 냄새는 자식을 먹이려는 엄마의 포동포동한 마음이었습니다. 뽀얗게 살 오른 쌀밥이 고슬고슬 주발에 담긴 모습만 봐도 마음이 흐뭇해졌습니다. 뚝배기에 된장이 뽀글뽀글 끓는 소리는 내가 숨을 쉬고 있다는 사실에 눈뜨게 했습니다. 된장 끓는 냄새로 숨을 깊이 들이쉬었다가 살포시 뱉어낼 때 존재의 깊은 곳이 느껴졌습니다. 온 식구가 밥상머리에 둘러앉을 때 나는 나가 아니라 우리라는 사실을 알게 되었습니다. 돌아보면 먹는 일이 가장 행복한 일이었습니다.

행복은 인생이 성공했을 때 얻는 결과가 아닙니다. 지금 여기서 맛있는 것을 먹는 즐거움이 행복입니다. 맛있는 것을 먹는 즐거움, 그것은 세상의 그 어떤 고상한 학문에 비할 바가 아닙니다. 기분 좋은 사람들과 만나서 격의 없이 담소를 나누며 맛있는 음식을 먹는 기쁨, 그것이 인생의 최대 행복일 수 있습니다.

간혹, 사람들은 너무 고차원적이고 숭고한 가치를 생각하며 거기에 에너지를 쏟으려 합니다. 한번 생각해봅시다. '인간에게 높은 가치란 무엇인가, 생이란 무엇인가.' 오늘 하루 내게 주어진 시간을 기쁨으로 살아가는 것이 최상의 행복입니다. 맛있는 것을 즐길 수 있는 천연색 감각이 내 몸에 있다는 게 얼마나 감사한 일입니까? 온갖 향기로운 과일과 채소의 그 독특한 맛들, 소와 돼지들이 자기 몸을 내어준 그곳에서 흐르는 깊은 풍미의 육즙들, 바다 생물들이 만들어낸 교향악 같은 풍성한 맛들을 즐길 수 있는 것이 얼마나 큰 행복입니까.

세상은 아름답습니다. 아니, 세상이 아름다운 게 아니라 세상을 즐길 수 있는 감각이 내게 있기에 아름답습니다. 맛있는 음식을 먹을 때 우리는 세상의 아름다움을 혀끝으로 풍성하게 경험할 수 있습니다. 좋은 사람과 맛있는 음식을 먹는 것은 삶의 최고의 기쁨입니다.

예수님은 사람들을 만나서 먹고 마시고 즐기는 일을 했습니다. 작고 사소한 일상의 자리에서 사람들과 먹는 것을 즐겼습니다. 그가 가는 곳엔 음식과 함께 먹는 즐거움이 따라다녔습니다. 유대의 율법주의자들이 정결 예식에 의해 엄격하게 규제하고 있는 먹거리에 대한 제한선을 과감하게 넘어갔습니다. 그래서 율법주의자들은 예수님을 향해 "먹기를 탐하고 포도주를 즐기는 사람이요, 세리와 죄인의 친구로다(마태복음 11장 19절)"라고 조롱합니다.

유대인 지도자들이 예수님을 죽인 여러 이유 중 하나는 그가 먹을 것에 대한 유대인의 율법적 경계선을 넘었기 때문입니다. 먹는 즐거움을 통제하려는 권력자들의 야만이 먹고 즐기는 예수와 그의 제자들을 탄압한 것입니다. 예수님은 맛있는 음식을 나누는 일이 사람에게 있어 가장 근원적인 행복이라고 가르쳤습니다. 먹고 즐기면서 그는 천국의 복음을 선포했습니다. 천국은 맛있는 음식을 기쁨으로 나누는 사람들의 밥상머리입니다.

요한복음에 나오는 예수님의 첫 번째 기적도 혼인 잔칫집에서 물로 포도주를 만드는 사건이었습니다. 남자와 여자가 만나서 하나가 되는 기쁨의 마당에 양질의 포도주를 기분 좋게 마시고 여흥을 즐기는 축제가 크로스오버된 것입니다. 요한복음의 이 대목에서 재즈의 선율을 느낄 수 있습니다. 예수님은 재즈처럼 자유롭고 와인처럼 즐거웠습니다. 바흐의 시대에 어찌 재즈를 이해할 수 있겠습니까? 율법주의자들이 어찌 예수님의 하나님 나라를 이해할 수 있겠습니까?

맛있는 음식은 존재의 기쁨으로 우리를 초대합니다. 그것은 어떤 학문이나 권력이 틈탈 수 없는, 단순한 기쁨입니다. 삶이 우울하고 불행하다고 느끼는 사람은 음식 먹는 방법부터 바꾸어야 합니다. 음식은 먹는 게 아니라 나누는 것입니다. 너와 내가 만나 서로의 정감에 몸을 흔들어주는 재즈처럼 자유를 공유하는 것입니다. 마음이 힘들 때 이웃을 초청하여 맛있는 요리를 함께 나눠보십시오. 치유가 일어날 것입니다. 맛있는 거 함께 나누며 단순하게 살라는 게 예수님의 가르침입니다.

# 예수님은 왜 부자를
# 지옥에 보냈는가

세상의 부자들을 지옥에 보내고 싶었던 것입니다, 마르크스는. 그에게 부는 부조리고 부자는 타도의 대상이었습니다. 부는 잉여가치를 편취한 집단에 의해 계급구조를 발생시키고 이 구조는 부의 편중을 더욱 가속화하기 때문입니다. 그는 계급을 타도하기 위해 사유재산을 인정하지 않고 공동 생산, 공동 분배의 공산사회를 만들려 했습니다. 하지만 그는 인간이라는 부조리를 제대로 보지 못했습니다. 사회구조를 바꾸면 인간이 바뀔 것이라고 보았던 것입니다. 너무 순진했습니다.

20세기 말 구소련의 붕괴는 한 사회는 체제나 이념에 의해 유지 발전되는 게 아니라 인간의 욕망에 따라 움직인다는 걸 인정하는 사건이었습니다. 좌파 지식인들은 인정하고 싶어 하지 않지만 애덤 스미스Adam Smith의 '보이지 않는 손' 앞에 마르크스가 무릎을 꿇고 만 것입니다. 그람시A. Gramsci같이 영리한 마르크스 추종자는 자본주의 사회의 유지와 성장을 보면서 계급투쟁의 한계를 보았는지도 모릅니다. 그는 헤게모니hegemony라는 용어를 들고 나와 자본주의가 유지되는 이유가 상부구조의 지배 방식에 있다고 말합니다. 그의 헤게모니 이론은 마르크스주의자들에게 열렬한 환호를 받았습니다.

마르크스주의가 힘을 잃고 이젠 세계가 자유주의 시장 원리에 의해 움직이고 있습니다. 어쩌면 마르크스는 잠시 나타난 현상일 뿐, 인류와 사회를 가장 오래 지배해온 삶의 방식은 시장주의입니다. 이런 사회구조 아래에서 잉여생산물을 독점하는 사람들이 나타나면서 소득의 불평등과 소유 구조의 불균형이 발생했습니다.

성경에 나오는 부자와 가난한 자들의 모습은 이러한 사회 현상의 배경이 되고 있습니다. 부자와 가난한 사람, 부재지주와 소작농, 채권자와 채무자의 등장은 그런 맥락입니다.

누가복음 16장에도 부자와 거지 나사로 이야기가 나옵니다. 예수님은 이 비유에서 부자와 거지를 등장시켜 부자는 지옥에 가고 거지 나사로는 천국에 갔다고 합니다. 그런데 왜 부자는 지옥에 가고 거지는 천국에 갔는지 구체적으로 그 이유를 말하지는 않습니다. "너는 살았을 때 좋은 것을 받았고 나사로는 고난을 받았기 때문"이라고만 말합니다. 이것이 부자와 나사로가 지옥과 천국으로 간 이유라면 세상의 부자들은 모두 지옥에 가야 하고 가난한 자들은 다 천국에 갈 수 있어야 합니다. 그 어떤 노력도 없이 부富와 가난이라는 단순한 이유만으로 지옥과 천국이 결정된다면 성경의 가르침은 위선적일 수밖에 없습니다.

열심히 땀 흘려 정당한 방법으로 부를 추구한 사람조차 그가 부자라는 이유만으로 지옥에 가야 한다면 자본주의는 지옥으로 가는 길이 됩니다. 인간의 구원을 위해서 자본주의는 폐지되고 공산주의를 시행하는 게 예수님의 가르침에 맞습니다. 예수님은 정말 그런 뜻으로 부자와 나사로를 이야기한 것일까요? 물론 아닙니다.

이 비유에 "너희와 우리 사이에 큰 구렁텅이가 놓여 있어 여기서 너희에게 건너가고자 하되 갈 수 없고 거기서 우리에게 건너올 수도 없게 하였다(누가복음 16:26)"고 말합니다. 이 말이 비유를 이해하는 핵심 열쇠입니다. 부자와 거지 사이에 있는 '큰 구렁텅이'는 헬라어 성경에서 카스마chasma라는 명사로 쓰였는데 크게 벌어진 구멍이나 깊이 갈라진 틈을 뜻합니다. 부자가 가난한 자를 바라보는 시선과 인식의 간극을 말합니다. 두 계급 사이에 건널 수 없는 깊은 세계관의 간극이 있었던 것입니다.

부자는 좋은 옷을 입고 고위층의 만찬장을 왕래하며 자기 집 대문을 숱하게 드나들었을 것입니다. 맛있는 음식을 풍족히 먹고 좋은 술에 대취하여 기분 좋게 집으로 돌아왔을 것입니다. 자신의 사회적 지위와 명망을 위해 쉼 없이 문간을 드나들며 관계를 만들어갔을 것입니다. 나사로는 그의 밥상에서 떨어지는(하수구에서 흘러나오는) 밥찌끼를 주워 먹으며 그의 대문간 곁에서 하루하루 연명하며 걸식을 했을 것입니다. 부자는 대문을 드나들며 그런 나사로를 매일 보았을 것입니다. 하지만 그는 그러한 나사로의 처지와 부자로서의 자신의 지위에 대해 한 치의 의구심도 갖지 않고 당연하게 받아들이고 살았습니다. 나는 부자인 게 당연하고 너는 거지인 게 당연하니 서로가 이렇게 사는 게 당연하다는 부르주아지의 계급의식을 가진 것입니다.

부자들의 계급의식은 성찰을 거부합니다. 자기가 가진 부와 사회적 지위, 권력을 당연한 것으로 생각합니다. 자기의 상태나 지위가 바뀌는 것을 두려워합니다. 그래서 부자들은 보수적일 수밖에 없습니다. 강남 3구 주민들이 배워먹지 못하고 무식해서 보수정당을 지지하는 게 아닙니다. 그들은 자기 이익을 대변하는 정당을 지지하는 것일 뿐입니다. 자기 이익을 위해 투표하는 것은 민주주의가 부여한 시민의 권리라는 점에서 탓할 일은 아닙니다. 하지만 그들의 투표가 도덕적으로 비난을 받게 되는 이유는 인간에 대한 보편적 가치보다 계급적 가치를 우선한다는 데 있습니다.

120년 전 경제학자 소스타인 베블런은 부자들을 유한계급有閑階級이라고 칭했습니다. 아무것도 하지 않고 놀고먹는 한량이라는 뜻이 아니라, 시간을 비생산적으로 소비하는 계급이라는 뜻입니다. 베블런이 『유한계급론The theory of the Leisure Class』을 쓸 때는 미국에 자유시장주의가 팽배하여 록펠러와 카네기 같은 거부巨富들이 탄생하던 시기였습니다. 베블런은 이들에게서 성공 신화를 본 게 아니라 부자들의 사치와 자본주의의 천박성을 보았습니다. 베블런은 이들을 야만 문화와 약탈적 사회의 산물로 규정했습니다. 유한계급은 자기가 가진 부를 과시적으로 소비함으로써 노동하는 계급과 차별을 두고 우월한 지위를 과시하며, 이 과시적 소비는 스포츠로 나타나기도 하고 심지어 종교적 심성에도 깃들어 있다고 베블런은 말합니다.

베블런의 이 탁월한 경제학 저술은 단순히 경제만을 다룬 게 아니라 경제적인 맥락에 관여하는 비경제적인 요소들을 총괄하고 있습니다. 돈은 돈이 아니라 사람이고 세계이며 삶이고 죽음이며 스포츠고 종교라는 것입니다. 그것들의 맥락 가운데서 마르크스가 돈을 보고 시스템을 보았다면, 베블런은 인간을 봤습니다. 베블런은 경제 이야기를 하는 것 같지만 배타적이고 분리적이며 세계와 인간에 대한 공감 능력을 잃어버린 계급적 인간에 대해 이야기했습니다.

부자와 나사로의 비유에서 예수님이 부자를 지옥으로 보낸 이유도 여기에 있습니다. 부 자체가 문제가 아니라 그것이 만드는 비인격적인 세계관과 그로 인한 사회구조를 문제로 보았습니다. 예수님의 이 비유에서 거지는 나사로라는 이름이 있는데 부자는 익명으로 처리됩니다. 부자에게 인격 감수성이 없기 때문입니다. 예수님은 그러한 부를 향유하는 자들에게 이름을 부여하지 않는 것으로 인간 실격을 선언한 셈입니다. 공감 능력을 잃어버린 부와 권력에는 맹자의 수오지심羞惡之心이 없습니다. 부끄러움을 모르는 인간은 인간이 아니라 인간의 모습을 한 짐승이라는 것입니다. 짐승에겐 이름을 붙이지 않습니다. 그냥 짐승일 뿐입니다.

그런데 가난한 사람들이 짐승에게 투표하여 그들의 이익을 대변하기도 합니다. 그것은 유한계급의 지배 방식이 간접 지배로 바뀌었기 때문이라고 그람시는 말합니다. 그람시의 논설에 따르면 선거는 사람과 사람이 경쟁하는 민주적 절차가 아니라 헤게모니의 지배를 받는 자들과 그렇지 않은 자들의 세계 대전입니다. 민주주의라는 체제 아래서 몇 년에 한 번씩 세계관 대결을 벌입니다. 짐승이 될 것인가, 사람으로 살 것인가.

# 천국은
## 노는 사람들의 것이다

아이들 눈높이에 맞춘 설교를 하면서 스스로 흥분될 때가 있습니다. 어느 날 난 아이들에게 천국이 어떤 곳인지 상상해보라고 주문했습니다. 결론적으로 학교에 가고 출퇴근을 하고 노동을 하고 시험을 보고 합격과 불합격이 사람을 규정하는 그런 곳은 아닐 것이라고 말했습니다. 천국에 가면 우리는 무엇을 하고 살 것인가 걱정해야 하지 않겠냐고 말했습니다. 하나님이 알아서 해주는 대로 그냥 해피하게 사는 삶이라면 그것은 마치 마약에 취한 사람들의 삶과 무엇이 다르겠는가, 천국은 스스로 삶을 살아가는 즐거움이 있는 곳이 아니겠는가, 스스로 기쁨을 만들어가는 곳, 여럿이 그 기쁨을 공유하는 곳 아니겠는가, 라고 말했습니다.

천국의 기쁨은 노는 것입니다. 세속적 가치로 보면 노는 것은 마치 무위도식하는 비도덕적인 삶처럼 보이지만 인간은 본능적으로 노는 것을 좋아합니다. 노동하기 위해 쉬는 게 아니라 놀고 쉬기 위해 노동을 하는 것입니다. 삶의 목적과 기쁨은 노동이 아니라 노동을 통해 얻어지는 반대급부를 이용하여 휴식과 놀이를 즐기는 데 있습니다.

천국에 대한 소망도 그러한 기쁨을 전제하고 있습니다. 우리는 천국의 주인으로 살기 위해 이 땅에서 노는 것을 연습해야 합니다. 천국의 삶이 신나고 즐겁게 사는 것이라면, 놀 줄 모르는 사람은 천국 입국이 거부될 것입니다. 너무 진지하고 엄숙하며 일과 학습에 억눌려 즐거움을 모르는 사람은 천국의 분위기를 망쳐놓을 것입니다.

오늘 하루는 하나님이 우리에게 베푸신 천국의 날입니다. 오늘 천국을 살지 못하면 내일의 천국도 없습니다. 내일의 천국이 없는 사람에겐 희망도 없고 영원한 천국도 없습니다. 오늘을 즐겁고 기쁘게 사는 사람들에게만 영원한 천국이 허락됩니다. 지금 내 곁에 있는 형제는 천국을 함께 살아갈 사람들입니다. 그 사람에게 나의 천국을 선물하는 것이 천국의 삶입니다. 그리고 그의 천국을 내가 받아서 여럿이 공유하는 것이 천국의 삶입니다.

천국의 소리는 풍물風物 같은 것입니다. 예전엔 농악農樂을 풍물이라 했습니다. 다른 말로 풍장이라고도 합니다. 풍물은 단순한 음악이 아닙니다, 삶이고 노동이고 연극이고 서사敍事입니다. 노동의 고단함을 음악과 놀이로 풀어냈던 우리의 멋입니다. 우리 풍속에선 노동과 놀이가 분리되지 않았고 음악과 삶이 분리되지 않았습니다. 삶이 곧 연회演戲였고 노동이 놀이의 연장이었습니다. 그 시대에 우울증 같은 심인성 질병이 현대에 비해 많이 없었던 것은 삶의 무게를 놀이로 풀어내며 사람과 사람이 어우러졌기 때문이었습니다. 그것이 공동체 문화가 가진 치유와 회복 능력입니다.

그런데 우리는 이걸 다 잃어버렸습니다. 놀이와 관계를 통해 상처를 치유하고 회복하는 능력을 다 잃어버린 것입니다. 열심히 사는 것처럼 보이지만 다 죽어가고 있는 것입니다. 개별적인 능력만으로 경쟁해서 승리하면 성공이라고 생각하지만 그건 정말 잘못된 생각입니다. 그 생각이 우리를 스스로 죽이고 있습니다. 그 시대에도 상처가 있었고 말 못 할 고통이 있었지만 공동체 연대와 놀이를 통해 치유했습니다.

교회도 놀이를 잃어버렸습니다. 엄숙한 종교적 의례도 잃어버렸고 친밀한 형제의 교제와 나눔도 피상적으로 변했습니다. 교회가 커지면서 관료적 시스템이 만들어지고 그로 인해 교회 공동체의 아름다운 덕목을 다 잃어버렸습니다.

놀이를 잃은 인간은 죽은 인간입니다. 놀이는 천국을 사는 오늘의 기쁨이고 천국을 보장받는 오늘의 증표입니다. 천국은 노는 사람들의 것입니다.

# 거짓말과
# 예언자

사람은 거짓말을 합니다. 모든 사람은 거짓말을 합니다. 사람만이 거
짓말을 합니다. 인간의 이성은 세계와 사물에 대해 합리적이고 명료
한 이해를 추구하지만, 항상 정확하고 올바른 이해가 가능하진 않습
니다. 우리가 사실이라고 받아들이는 진실은 객관적으로 주어진 어떤
현상이 아니라 뇌의 작용으로 해석한 결과이기 때문입니다. 사람마다
해석이 다를 수밖에 없는 이유입니다. 그러므로 내가 알고 있는 진실
은 타인에게 거짓이 될 수도 있습니다. 인간은 타인에게만이 아니라
자기에게도 거짓말을 하게 됩니다. 이것이 인간 이성의 모순이고 한
계입니다. 인간은 모순과 한계 선상에서 거짓말을 할 수밖에 없는 존
재인 것입니다.

　이런 문제는 이혼하는 부부들에게서 많이 나타납니다. 성격 차이라
고 말하는 대부분의 이혼 사유들이 사실은 세계와 사물(사건)에 대한
해석 차이에서 발생합니다. 같은 사안을 두고 서로 다르게 해석하기
때문입니다. 존재의 모순과 한계 안에서 해석한, 진실에 대한 서로 다

른 이해 때문에 발생하는 거짓을 피할 수 없습니다. 그것은 인식론적인 문제가 아니라 존재론적인 문제이기 때문입니다. 인간 존재 자체가 그럴 수밖에 없는 것, 이것이 존재론적인 문제입니다. 그런데 이 거짓말은 원초적이며 소극적인 거짓말입니다.

특정 개인이나 집단이 특권을 누리고 이익을 독점하기 위해서 하는 말과 행동은 적극적인 거짓말입니다. 적극적인 거짓말이 사적인 관계에서 나타날 때, 그것을 사기詐欺라 하고 그런 거짓말을 하는 사람을 사기꾼이라 합니다. 그런데 이런 거짓말이 공적 관계에서 나타날 때는 정치라 합니다. 정치는 어쩌면 공적인 거짓말입니다. 정치가 원래 그런 것이 아니었음에도 그렇게 돼버렸습니다. 이젠 정치가 최첨단의 적극적 거짓말이 돼버린 것입니다.

그래서 선거철마다 거짓말이 대량으로 생산됩니다. 후보자 본인이 만든 거짓말이 난무하는가 하면 각각의 진영에서 만들고 전파하는 거짓말이 홍수를 이룹니다. 선거철은 거짓말 대잔치 시즌입니다. 각각의 진영에 속한 이들은 상대 진영이 퍼뜨리는 거짓말에 거짓말로 응수하기도 합니다. 거짓말을 해명하는 과정에서 진실 공방이 오가다 보면 나중에는 무엇이 진실인지 얽히고설킨 실타래처럼 그 끝을 찾기 힘들 때가 있습니다. 거짓과 진실을 구분하는 것이 매우 어려워지게 됩니다.

진실이란 무엇일까요? 정말로 진실을 알기란 불가능할까요? 개별적인 이해와 해석으로 인해 서로 다른 해석의 결과가 나오고 그 때문에 진실이 다르게 이해된다면, 이 세계에 진실이란 없는 걸까요? 사람들은 여전히 진실을 얘기합니다. 그건 개인의 해석을 넘어서 모든 사람이 함께 누릴 수 있는, 공유되는 가치입니다. 모두에게 유익한 것, 보편적으로 공감할 수 있는 것, 일반적으로 많은 사람의 이해와 감응이 일어나는 그것이 진실입니다.

구약성경은 이러한 진실의 기준을 '하나님의 뜻'에 두고 있습니다. 특히 사회가 불안정하고 무질서했던 예언서의 시대에 '하나님의 정의', '하나님의 공의(체데크)'라는 단어가 집중된 것을 보면 하나님의 뜻은 인간 사회가 공정하길 원한다는 걸 알 수 있습니다. 모든 사람, 아니 보편적으로 받아들여질 만한 인간의 상식 안에 하나님의 뜻이 있다는 것입니다. 그것이 진실입니다. 그것은 세계를 창조하고 다스리는 창조주의 의지이며 그의 세계를 살아가는 우리 모두의 의지여야 합니다.

거짓이 난무하고 특정 세력이 득세하여 사회질서가 어지럽게 되고 탄압받고 착취당하는 사람들이 많아지는 시대에는 예언자가 등장합니다. 예언자란 미래를 점치는 자(predictor)가 아니라 시대의 상황과 역사적 사건에 대해 하나님의 공의로 해석하는 자(prophet)입니다. 진실과 거짓의 기준을 하나님의 뜻에 두고 명확히 판단하는 사명을 부여받은 이가 예언자입니다. 예언은 초월적 신비체험을 통해 주어지는 신탁神託이 아니라 하나님이 우리에게 주신 건전한 상식과 이성에 의해 무엇이 우리 모두를 위해 올바른 것인가 볼 수 있는 지혜입니다.

하나님은 우리에게 초월적 신비체험을 통한 영적 지혜를 가지라고 요구하지 않습니다. 인간이 가져야 할 건전한 상식과 합리적 사유를 통해 모두에게 유익한 것이 무엇인지를 판단하고 선택하길 원하십니다. 그것이 하나님의 뜻이며 공의입니다. 그러므로 하나님을 믿는 모든 사람은 예언자적인 삶을 살아야 합니다. 이 땅의 모든 그리스도인은 예언자여야 합니다.

그 예언자적 삶은 거짓을 분별하는 데에서 시작해야 합니다. 무엇으로 거짓을 분별할 수 있을까요? 거짓말하는 사람의 과거의 삶을 돌아보면 됩니다. 그가 시민사회의 건전한 상식을 가지고 그 사회가 요구하는 법과 원칙 가운데 살아왔는지, 아니면 권력의 자리에서 타인을 속인 대가로 자기 이익을 누리진 않았는지를 보면 됩니다. 또 타인을 억울하게 만드는 일을 주도하거나 그 일에 가담하지는 않았는지를 보면 됩니다. 한 사람의 과거 삶은 지금 여기에서 그와 그가 하고자 하는 일에 대한 진실을 볼 수 있는 데이터입니다. 그 데이터를 읽을 수 있는 게 예언자입니다.

하나님의 마음은 인간의 상식 밖에 있는 게 아닙니다. 하나님의 공의는 우리가 살아가고 있는 지금, 여기에 있습니다.

# 잠수함 속의
# 토끼에게

예루살렘이 무너진 것은 예언자적 감수성이 무디어졌기 때문입니다. 유대민족은 모세의 율법 안에 제사장 전통이 지배하고 있었는데, 그 제사장 그룹이 무능하고 부패한 왕조와 결탁할 때 예언자들이 나와 강하게 저항했습니다. 이스라엘 역사는 제사장 전통과 함께 예언자 전통이 기차의 레일처럼 평행을 이루었습니다. 이스라엘 역사가 외세의 침략과 내부 분열 같은 혼돈에 빠질 때는 이 균형이 무너질 때였습니다. 예언자적 감수성이 무디어질 때, 그때 망조亡兆가 드는 것입니다.

성경에서 예언자란, 미래를 내다보는 점술가를 의미하지 않습니다. 신약성경에서 말하는 예언자는 프로페테이아 προφητεία로 구약의 네브아를 헬라어로 번역한 것입니다. 이 프로페테이아(예언자)라는 말은 미래에 대한 언급이 아니라 '그를 통해 전달되는 하나님의 명령'입니다. 곧, 예언자란 지금 여기에서 이루어지는 사건과 사람들의 형편 가운데 주어지는 하나님의 명령입니다. 예언자를 말하는 한자어 '예像'

는 아직 도래하지 않은 미래의 시간을 말하기도 하지만 '맡김(예탁, 예금)'을 뜻하기도 합니다. 성경의 예언자는 대부분 후자를 의미합니다. 그러므로 예언자란 시대와 교회가 타락하고 잘못된 길로 갈 때 하나님의 말씀을 들고나와 이 길로 가야 한다고, 목숨을 걸고 외치는 사람입니다. 지금 우리는 그 말씀을 성경에서 찾아야 합니다.

그런데 한국의 보수적인 교회들은 이것을 전자의 의미로 해석하여 예언을 왜곡하고 있습니다. 이 때문에 계시록 1장 3절의 "예언의 말씀"을 미래에 이루어질 종말론적 사건으로 잘못 해석하는 것입니다. 헬라어 성경 원문은 분명 프로페테이아라고 쓰였는데 말입니다. 계시록은 요한을 통해 그 시대 소아시아 일곱 교회에 보내는 그리스도의 편지였습니다. 로마의 압제 아래 고통받는 교회들에 "죽도록 충성하라(Be faithful)"고 한 것입니다. 로마의 창칼 앞에 굴복하지 말고 그리스도인의 경건을 잃지 말라는 메시지였습니다. 교회들이 이것을 종말론적 비밀을 간직한 것으로 해석해버리니 이만희 같은 이단의 교주가 계시록을 가지고 장난을 쳐도 그를 이단이라고 정죄만 할 뿐 아무 소리 못 하는 것입니다. 우리 안에 예언자적 감수성이 무디어졌기 때문입니다.

어느 시대 어느 사회든 예언자적 감수성을 가진 사람들이 있습니다. 루마니아의 작가 게오르규는 그의 소설 『25시』에서 이러한 사람들을 '잠수함 속의 토끼'에 비유했습니다. 기술이 발달하지 않은 초기에 잠수함 안의 산소량을 측정하기 위해서 산소에 민감한 토끼를 잠수함에 태우고 다녔다고 합니다. 토끼가 숨쉬기 힘들어하면 곧이어 사람에게 닥칠 산소 부족 사태를 예감하고 잠수함을 수면 위로 부상시켰다는 데에서 착안한 비유입니다. 게오르규는 지식인을 잠수함 속의 토끼처럼 한 사회의 위기를 알리는 예언자적 사명을 가진 존재로 말합니다. 구약성경의 예언자들은 바로 한 사회의 무질서와 타락, 그로 인한 죽음을 경고하는 잠수함 속의 토끼들이었습니다.

언론을 입법, 사법, 행정 다음의 제4부라고 말합니다. 그것은 삼권분립 국가에서 권력을 감시하고 견제할 시민사회의 예언자적 기능을 의미합니다. 언론이 예언자적 사명을 감당하지 못하게 될 때 그 사회는 균형이 무너지고 심각한 부조리에 직면하게 됩니다. 언론이 타락하면 권력이 부패하고 국가와 사회가 무너집니다.

교회 또한 한 사회에 예언자적 사명을 감당하도록 소명된 공동체입니다. 교회를 말하는 그리스어 에클레시아 ἐκκλησία는 '세상으로부터 불러낸 자들'이란 뜻입니다. '세상과 분리된 자들'이란 뜻이 아니라 세상에서 불러내어 세상을 구원하도록 예언자적 사명을 맡겼다는 뜻입니다. 교회가 세상에 대해 예언자적 사명을 다하지 못할 때 세상은 죽게됩니다. 언론과 교회는 잠수함 속의 토끼입니다.

기독교 전통에서 타인에 대한 구제와 선교가 신앙의 도덕적 명분이되었습니다. 그것을 예언자적 사명으로 혼동하기도 합니다. 표면적으로 드러난 구제와 선교가 언제나 올바른 것은 아닙니다. 도덕적으로올바르지 못한 방법으로 돈을 번 기독교인이 교회에 헌금하고 구제를함으로써 불의한 재물에 대해 면죄부를 받고 교회에서 우월한 대접을받는다면, 그것은 불의의 다른 모습일 뿐입니다. 선교와 구제는 개인의 차원에서 주어지는 사명이 아니라 사회적 맥락과 차원에서 행해져야 할 예언자적 사명이기도 합니다.

그래서 때로는 교회에 헌금하는 것보다 불합리한 사회구조와 맞서 싸우는 시민단체나 부조리한 권력으로부터 탄압받는 언론인, 사회적 약자 편에 서 있는 지식인들의 학술단체 등에 후원하는 것이 예언자적 사명을 위해 더 가치 있는 일이 될 수도 있습니다. 하나님을 교회 안에만 거주하는 옹졸한 늙은이라고 생각하지만 않는다면 우리가 살아가는 사회의 불합리한 구조 가운데서 하나님의 목소리를 다양하게 들을 수 있습니다. 하나님의 음성을 시대와 상황 가운데 들을 수 있다면, 잠수함 속의 토끼들에 관심을 가져야 합니다. 하나님의 이름으로 잠수함 속의 토끼들에게 후원하는 것도 교회가 가져야 할 예언자적 사명일 수 있습니다.

잠수함 속의 토끼가 되지 못한다면 잠수함 속의 토끼들에게 당근 하나라도 나눠야 하는 게 21세기 교회들의 사명 중 하나가 돼야 합니다.

# 야곱의
# 사다리

거짓말은 항상 나쁜가? 이런 질문은 우매한 것입니다. 세상의 어떤 것
도 절대적으로 옳거나 그른 것은 없기 때문입니다. 어느 한 시대에는
선한 것이 시대가 바뀌면서 악한 것이 되기도 하고 그 반대일 때도 있
습니다. 또 어느 지역에서는 도덕적인 일이 다른 지역에서는 비도덕
적인 일이 되기도 합니다. 피터 카소비츠Peter Kassovitz 감독의 영화
〈제이콥의 거짓말〉은 이런 문제에 대한 철학적 성찰을 보여줍니다.

팬케이크 가게를 운영하던 유대인 제이콥 하임은 게토에 갇혀 하
루하루 희망 없는 삶을 삽니다. 그러던 어느 날 독일군 장교의 막사에
들어갔다가 라디오에서 흘러나오는 뉴스를 듣게 됩니다. 뉴스를 들은
그는 나름대로 전쟁의 상황을 예측하여 독일의 전세가 불리해지고 있
다는 해석을 합니다. 그리고는 평소 친밀하게 지내던 유대인 친구에
게 그 이야기를 은밀하게 전합니다. 이 얘기는 게토 전체에 삽시간에
퍼져나가서 머지않아 연합군이 자기들을 구원하러 올 것이라는 희망
의 불씨가 됩니다. 그것은 단순히 뉴스로 전해지는 데 그치지 않고 제

이콥이 라디오를 갖고 있을 것이라는 추측을 낳습니다. 그 추측은 제이콥에게 날마다 새로운 뉴스를 기대하는 사람들이 몰려들게 합니다. 제이콥은 자신이 라디오를 갖고 있다는 소문이 독일군에게 알려지면 생명이 위태롭기에 이 추측성 소문을 차단하려 하지만 사람들은 더욱 집요하게 제이콥에게 매달리며 새로운 뉴스를 요구합니다.

견디다 못한 그는 자신에게 라디오가 없다는 사실을 친구에게 말해 줍니다. 그 사실을 알게 된 사람들은 하나둘씩 연이어 자살하기 시작합니다. 사실로써의 뉴스, 곧 희망이 없는 진실 앞에 그들은 살아낼 소망이 없었던 것입니다. 제이콥의 이야기는 사실이냐 아니냐의 문제가 아니라 사람들이 희망을 품게 하는 의미가 있었습니다. 그 사실을 깨달은 제이콥은 자기가 라디오를 가지고 있다고 말을 번복하고는 날마다 새로운 거짓 뉴스를 꾸며냅니다. 사람들은 압니다. 제이콥이 전하는 뉴스가 거짓일 수 있다는 사실을, 또 그에게 라디오가 없을 수 있다는 것도 미루어 짐작합니다. 하지만 사람들은 마지막까지 제이콥의 거짓말에 희망을 겁니다.

〈제이콥의 거짓말〉은 정보나 뉴스의 진실성보다 상황에 따라서는 해석이 더 중요하다는 걸 말해줍니다. 제이콥의 거짓말은 거짓말이 아니라 희망의 사다리였던 것입니다.


제이콥이라는 이름을 가진 또 다른 주인공이 등장하는 영화가 있습니다. 에이드리언 라인Adrian Lyne 감독의 〈야곱의 사다리〉입니다. 주인공 제이콥 싱어는 베트남전에서 부상을 입고 귀국하여 생활하던 중

연이어 심각한 일을 경험합니다. 귀신이 보이고 누군가 자신을 쫓는 망상에 시달립니다. 처음엔 그것이 전쟁 트라우마라고 생각했지만, 점점 그 때문만은 아닌 것으로 드러납니다.

베트남전에서 전세가 불리한 미 국방부가 전투력을 높일 방편으로 자국 병사에게 환각제를 투여한 사실을 숨기기 위해 그들을 추적 감시하였던 것입니다. 제이콥을 환각에 빠트린 그 전투는 적군과의 싸움이 아니라 자기 부대 내에서 일어난, 환각제로 인한 자살 테러였던 것입니다. 소대원들 간에 서로 학살한 끔찍한 사건이었습니다. 인간의 내면에 공격본능을 부추기는 화학 약물을 개발하여 투여한 결과였습니다. 그 약물 이름이 '사다리'였습니다. 약물을 투약했을 때 사다리에서 떨어지는 느낌 때문에 그런 이름이 붙었습니다. 추락 순간에 인간은 최고조의 공포와 두려움에 빠지게 됩니다. 그것이 인간의 내면을 지배할 때 인간은 죽음을 면하기 위해 최대로 공격본능을 끌어올리고, 그로 인해 이성이 마비됩니다. 그때 인간은 짐승이 되는 것입니다. 미 국방성은 불리한 전세를 그렇게라도 바꿔보고 싶었던 것입니다. 이것은 베트남전에서 실제 있었던 일이라고 합니다.


〈제이콥의 거짓말〉에 나오는 한 사람의 야곱(제이콥)은 감금과 학살이라는 나치의 공포 속에서 희망을 심는 일을 합니다. 그 희망은 진실과 거짓을 넘어섭니다. 인간에게 가장 중요한 것은 사실이냐 거짓이냐, 과학이냐 신화냐, 다큐냐 드라마냐 등과 같은 문제가 아니라 살아갈 소망입니다.

사람에게 소망을 빼앗는 권력구조가 있다면 이는 그 목적이 아무리 대의를 위한 것이라 해도 용서받을 수 없습니다. 또 한 사람의 야곱인 제이콥 싱어는 자신이 몸 바쳐 헌신한 국가로부터 그 소망의 사다리에서 추락당하고 맙니다. 서로 잔인하게 학살하도록 공격본능을 부추기는 지배 세력의 음모가 그를 치유될 수 없는 죽음의 나락으로 밀어 넣은 것입니다. 두 사람의 야곱(제이콥)이 등장하는 배경은 전쟁입니다. 2차대전과 베트남전이라는 끔찍한 비극의 상황입니다. 유사한 전쟁 상황에서 희망과 절망이 두 사람의 야곱에 의해 각각 이야기됩니다.

그리스와 로마 신화의 서사 구조에서 형제살해 모티프는 반복되는 주제입니다. 프로이트는 형제살해의 근원인 부친살해의 기원을 경쟁 관계에 있는 우월한 남성으로서의 아버지에 대한 저항과 도전 의식으로 보았습니다. 인류는 끊임없이 어떤 권위와 힘에 도전하며 경쟁하려는 본능을 가지고 있다고 말합니다. 그에 따르면 인간은 두려움과 불안, 공포에 처할 때 공격본능이 더욱 커집니다.

시기심으로 내면의 불안과 공포가 커지고 이로 인해 형제를 살해합니다. 형제살해의 원형은 가인과 아벨입니다. 인간의 폭력적 심성은 가인과 아벨에서 야곱과 에서로 유전됩니다. 에서의 남성성과 야곱의 여성성의 대결에서 나오는 격정과 야곱의 서정성의 대결은 장자권 상속 투쟁으로 이어졌습니다. 이 대결에서 패배한 형 에서는 동생에게 보복하려 합니다. 이를 피해 도망가는 야곱의 광야 길은 불안과 공포의 시간이었습니다. 그가 도피 생활을 마치고 고향으로 돌아가는 길

또한 불안과 공포의 길이었습니다. 이런 상황에서 그리스나 로마 신화가 선택하는 서사는 대결과 복수의 비극적 이야기입니다. 누군가는 패배하여 비극적인 죽임을 당하고 누군가는 승리의 개가를 부릅니다. 하지만 그 승자마저 잠시의 영광 뒤에 오는 고통과 비극을 피하지 못합니다.

야곱의 드라마는 공격본능을 드러내 자신과 세계를 파멸로 이끄는 폭력으로 발전하지 않습니다. 성공한 야곱은 형 에서가 있는 고향으로 가는 길에 얍복 강가에 이릅니다. 형을 위한 많은 선물꾸러미와 식솔들을 먼저 강 건너로 보내고 자신은 강 이편에 남습니다. 강 저편은 야곱에게는 죽음과 같은 장소였습니다. 형 에서의 불타는 복수심과 분노를 예측할 수 없었기 때문입니다. 형의 손에 재산이 강탈당하고 식솔들과 자신의 목숨마저 위태로운 상황이었습니다. 그는 얍복 강에서 불안과 공포에 떨어야 했습니다. 형의 성격을 잘 아는 야곱으로서는 고향으로 돌아가기로 한 자신의 결정이 잘못되었을 수 있다는 생각에 미칠 것만 같았을 것입니다.

하지만 야곱은 그 불안과 공포를 공격본능으로 이겨내려 하지 않았습니다. 상대방을 공격하여 적대자를 없앰으로 평안을 찾는 게 아니라 두려워 떠는 한 마리 어린 양처럼 자신을 하나님 앞에 던져놓았습니다. 나는 아무것도 할 수 없다는 고백, 많은 재산과 노비를 거느리고 식솔들을 두고 있지만, 힘으로 힘과 맞서 싸우지 않고 자신의 모든 힘을 다 내려놓고 화해하려는 자세로 하나님 앞에 엎드렸습니다. 그때 하늘이 열리고 사다리가 보였습니다. 야곱의 사다리, 그것은 공격본능으로 불안과 공포를 이기려는 인간의 악한 본성이 자기를 내려놓고 평화를 추구하고자 하는 거룩한 정신의 세계로 상승하는 계단이었습니다. 성서에 나오는 야곱의 이야기는 서구 신화에 등장하는 부친 살해와 형제살해의 모티프를 밟고 용서와 화해의 길, 치유와 회복의 길, 평화와 번영의 길로 나아가는 치유의 내러티브입니다. 이 서사는 예수님의 십자가에서 절정을 이룹니다. 십자가는 심판과 복수가 아니라, 용서와 화해의 대서사시이며 하나님과 인간이 직접 소통할 수 있는 사다리입니다.

# 나는 우상의
# 친구다

의사는 세 개의 눈을 가지고 있습니다. 첫 번째는 환자를 돈벌이의 수단으로 보는 눈입니다. 이런 경우 사람의 몸은 돈벌이 수단이 됩니다. 이런 의사는 최대한 비급여 진료를 많이 하고 심평원(건강보험심사평가원)의 규정을 요리조리 피하며 최대한 돈 버는 방법을 강구합니다. 이런 의사를 만나는 환자는 불행합니다. 둘째로 환자의 질병 부위만을 보고 진료와 처방을 하는 대증요법의 눈입니다. 이런 눈은 사람의 몸과 질병을 기계적으로 이해하고 질병과 통증을 직선적으로 바라봅니다. 교과서에서 배운 지식으로 사람의 몸을 기계적으로 이해합니다. 자연과학에 기초한 서양의학 패러다임의 한계입니다. 세 번째는 그 사람의 몸 전체와 심리적인 내부 구조를 함께 보는 눈입니다. 증상을 바라보는 것이 아니라 그 증상을 유발한, 내적이고 외적인 현상들 전체를 통찰하는 것입니다. 사람의 몸은 자연과학적 의술 이전에 인간에 대한 철학적 비전과 영성으로 접근할 때 그 증상과 질병을 전인적으로 볼 수 있습니다. 나는 이것이 의사들이 가져야 할 윤리적 자세라고 봅니다. 이런 눈으로 사람의 몸을 통찰할 때 치유가 일어날 수 있습니다. 의술은 몸에 관한 기술이 아니라 몸에 대한 영성입니다.

오래된 통증과 원인을 알 수 없는 증상 때문에 병원에 오래 다니고 많은 약을 먹어도 치유되지 않는 이유는 의사가 질병의 원인을 제대로 읽지 못한 탓입니다. 이런 의사는 더 많은 환자를 보기 위해, 임상 경험만으로 어림잡아 진단하고 건강보험 수가가 높은 치료를 하거나 비급여 항목을 잔뜩 치료하기도 합니다.

간혹, 목사들이 자기가 잘 아는 의사를 추천하면서 그가 크리스천이라는 사실을 강조하는 경우가 있습니다. 그 말은 두 가지 의미를 내포합니다. 첫 번째는 그가 기독교인이기 때문에 신뢰할 만하다는 뜻이고, 두 번째는 그가 우리 편이기 때문에 그의 의료 사업을 도와주어야 한다는 진영 논리입니다. 대부분은 두 번째의 의미가 강합니다. 한국의 보수적인 개신교인들만큼 진영 논리가 무의식적으로 작동하는 집단도 드물 것입니다.

어떤 직업이든 직업적 특성이나 수익 이전에 그리스도인으로서의 태도가 우선되어야 합니다. 칼뱅의 직업소명설은 이 점을 내포하고 있습니다. 특히 사람의 생명을 다루는 의사는 하나님의 공의와 그리스도의 사랑이 그 안에 살아있어야 합니다. 돈 잘 버는 의사가 우리 교인이라고 좋아하는 목사들이 있습니다. 그가 첫 번째 눈으로 환자의 몸을 통해 번 돈으로 헌금을 많이 하는 걸 하나님의 은혜라고 생각하는 것은 그가 직업 목사라는 걸 반증하는 것입니다.

참된 그리스도인이며 나의 오랜 친구인 의사는 의료 기술자 이전에 몸에 대한 이해와 영성이 충만한 사람입니다. 그는 스스로 나의 주치의라고 자처하며 자기 몸 돌보듯 정성을 다해 세심하게 진료합니다. 나에게만 그렇게 하는 게 아니라 모든 이를 똑같이 대합니다. 환자 한 사람 한 사람에게 모든 지식과 에너지를 다 쏟아붓고 끝까지 책임지려 합니다. 환자의 내적 상태나 삶의 문제를 면밀하게 살피고 그 문제를 가슴 아파합니다. 단 한 번 왔다 간 사람이지만 해결되지 못한 그의 질병과 삶의 문제를 잊지 않고 기도하는 사람입니다.

나는 그의 진료를 받으며 깜짝깜짝 놀라곤 합니다. 상상도 할 수 없는 곳에서 원인을 찾아내고 한두 번 만에 그 증상을 제거해버립니다. 물론 그에게도 안 되는 영역은 분명 있습니다. 그는 그것을 솔직하게 인정합니다. 하지만 그는 X-RAY나 CT, MRI, 초음파에 보이는 것들의 내적 의미를 찾아내는 직관과 통찰력이 뛰어납니다. 통증을 발생시키는 생리 구조를 정확하게 찾아내어 그것을 바로잡아주는 것입니다. 단순히 사진으로 보이는 이미지의 상태만을 보는 게 아니라 그 상태를 둘러싼 주변부의 생리 구조 전체를 봅니다. 문제를 정확하게 읽어내어 짧은 시간에 치료하는 힘은 거기서 나옵니다. 하지만 그것은 단순한 의학적인 기술에서 오는 것만은 아닙니다. 그가 그렇게 되기까지 그에게 일어났던, 신비한 영적 사건들이 그에게 있습니다. 그 과정에서 얻게 된 신비한 통찰력과 의학 기술이 결합한 것을 그 자신도 놀라워합니다.

그는 자신의 의학적 소견이나 신념을 확신하지 않습니다. 자기 확신 밖에 있는, 알 수 없는 원인에 대해 늘 마음을 열어놓습니다. 그것은 의사로서의 태도나 자질의 문제 이전에 신앙인으로서의 올바른 자세에서 비롯됩니다. 인간의 연약성과 한계를 인식하는 게 신앙의 출발점이고 자기 확신에 빠지지 않고 하나님의 섭리를 생각하는 게 신앙인의 자세이기 때문입니다. 안정적으로 많은 돈을 벌기 위해 의사가 된게 아니라 그리스도인의 삶을 살기 위한 한 방편으로 의사가 된 사람의 모습을 난 그에게서 봅니다. 그의 신비한 눈은 거기서 열립니다.

의사들은 이런 경우 그것을 자기만의 지적 재산으로 여기고 비밀에 부치는 경우가 많습니다. 다른 의사에게 공개하지 않고 독점적으로 그 지식을 소유할수록 수익이 크기 때문입니다. 아니면 엄청나게 비싼 강의료를 받고 신뢰할 만한 특정인에게만 살짝 가르쳐주는 것이 의사들의 비즈니스 마인드입니다.

그는 자신만의 특별한 이 의술을 공짜로 다 퍼주었습니다. 거저 받았으니 거저 주는 것이 하나님의 뜻이라면서요. 다만 당신들(다른 의사들)도 거저 받았으니 이것을 돈벌이에 사용하지 말고 고통받는 환자들을 위해 베풀라는 당부의 말을 잊지 않습니다. 누구에게든지 그의 진료는 항상 특진입니다. 그는 그리스도인이기 때문입니다. 의사로서의 그리스도인이 아니라 그리스도인으로서의 의사이기 때문입니다.

그는 시설 좋고 대우받을 수 있는 큰 병원에 갈 수 있었지만 포기했습니다. 그리스도인으로서의 자기 정체성을 지키며 삶이 복음이 될 수 있는 길을 선택한 것입니다. 페이닥터는 자신이 받는 페이로 존중받는 것인데 그는 자신의 급여에 전혀 신경 쓰지 않습니다. 그뿐만 아니라 자신이 받는 급여의 상당량을 늘 어려운 사람을 위해 나눕니다.

특히 자신과 함께 일하는 간호조무사들의 어려움을 살피고 그것을 그냥 두고 보지 않습니다.

그는 내 친구입니다. 아니 그는 예수의 친구입니다. 그리고 그는 세 번째 눈을 가진, 통증에 대한 영성을 가지고 있는 의사입니다. 그가 내 친구라는 사실을 생각하면 자다가도 가슴이 따뜻해집니다. 그의 이름은 김우상입니다. 나는 우상의 친구입니다.

# 나는 나를 본다,
## 밖에서

나는 사람을 만나지 않습니다. 나는 안에 있으나 밖에 있는 사람입니다. 난 산 사람이지만 죽은 사람입니다. 교회라는 제도 안에 목사라는 이름으로 살지만 늘 교회 밖에서 사유합니다. 몇 발짝 뒤로 물러서거나, 먼 거리에서 내가 선 자리를 조망하면 내가 더 잘 보이기 때문입니다. 그러므로 난 목사이지만 목사가 아니길 바랍니다.

누구든지 자기 직종에 함께 종사하는 사람들과 동병상련을 느끼게 마련입니다. 그렇기에 목사가 주로 만나는 사람들이 목사들입니다. 그러다 보면 목사는 목사들의 세계 안에 갇히게 됩니다. 목사들이 읽는 가벼운 신앙 서적, 목사들의 교회 담론, 목사들의 세계관, 목사들의 상투적인 교리 안에 갇히게 되면 그들의 상투적인 패러다임에 종속될 우려가 있습니다. 특히 교단에 속하여 상투화된 교리 안에 있는 목사들의 목이 곧은 소리를 듣는 건 피곤한 일입니다. 목사인 내가 목사를 피하는 이유입니다. 목사 아닌 사람, 나와 직업적 특성이 다른 사람을 만날 때 더 넓은 세계를 공유하며 자기를 객관화할 수 있습니다.

예수님이 광야에 나간 이유도 마찬가지입니다. 세속적인 문명, 도그마에 사로잡힌 종교로부터 멀리 떨어진 '빈 들(remote place)'로 나간 것입니다. 세례자 요한이 유대교의 전통에서 벗어나 광야로 간 이유도 이와 같습니다. 중세의 수도원도 같은 이유에서입니다. 자기가 속한 공동체와 관습으로부터 떠나는 것 자체가 부패한 종교와 관습에 대한 대안일 때도 있습니다. 부조리한 모습이 보일 때 떠나기도 하지만 떠나야만 보이는 것들이 있습니다. 나는 그래서 교단을 떠났습니다. 떠나오니 더 잘 보입니다.

떠나오니 무엇이 본질이고 무엇이 비본질인지 알맹이와 껍데기가 구별됩니다. 성경을 성경으로 읽을 때보다 장자와 노자를 통해 읽을 때 더 은혜가 됩니다. 역사와 철학과 심리학과 문학으로 성경을 읽으니 그 세계가 더 깊고 풍성합니다. 문자 너머에 있는 말씀의 신비가 파동칩니다. 그 말씀은 문자로 된 성서의 외피를 뚫고 들어가 우주의 심연에서 울리는 징 소리를 들려줍니다. 수백만 광년 사이에 흐르는, 셀 수 없는 별과 은하(空, space), 그리고 물질의 최소단위인 원자까지 이 세계는 하나의 거대한 파장 안에 있습니다. 세계는 나뉘고 분리된 것이 아니라 하나의 구성체입니다. 이것이 내가 새롭게 읽은 탈 교리화한 성경입니다.

오강남 교수는 표층 종교와 심층 종교라는 말로 종교의 본질에 대해 말합니다. 머리가 커지고 보니 내가 성장한 기독교라는 집단, 교회라는 제도는 표층 종교에 불과했습니다. 교회에 불만을 갖고 떠나왔던 이십 대의 탈 교회의 시간들이 심층 종교를 향한 열망이었음을 알게 됐습니다. 혐오와 배제의 도그마를 넘어 관용과 포용, 환대와 사랑으로 풍성한 연대를 이루는 게 기독교의 심층에 자리잡고 있는 종교성이었습니다. 그것이 이 세계를 구원할 기독교의 힘이었습니다. 그렇습니다, 이게 답입니다. 내가 스무 살 무렵부터 지금까지 고민한 문제가 이것입니다. '기독교가 구원의 종교라고 떠드는데, 왜 기독교가 지배하던 중세에 혐오와 배제가 그토록 심했는가. 교회가 있는 곳에 왜 전쟁과 학살이 끊이질 않는가. 기독교가 득세한 곳에 왜 불평등과 계급적 갈등이 끊이지 않는가.' 기독교가 표층 종교화됐기 때문입니다.

종교가 세계와 인간의 심층을 보게 될 때 비로소 이 세계의 불평등과 전쟁 같은 부조리가 사라질 것입니다. 종교는 사회의 일부 집단에 불과하지만 사람의 정신에 미치는 영향은 그 어느 집단보다 큽니다. 종교가 부패하면 그 사회 전체가 부패하고 인간은 타락하게 됩니다. 그것은 인간과 사회에 끔찍한 재앙입니다. 마녀사냥, 십자군 전쟁, 탈레반 같은 외적인 재앙뿐만 아니라 정상 사회에 배제와 혐오 같은 바이러스가 신의 이름으로 번식하기 때문입니다. 이런 감정은 사람을 병들게 하고 세계를 부패하게 만듭니다. 그것은 종교가 신의 이름으로 배양하는 악성 종양입니다.

기독교를 공인한 콘스탄티누스 때부터 기독교는 표층 종교가 됐습니다. 표층을 뚫고 심층으로 들어가고자 하는 노력이 종교개혁으로 나타났지만 심층으로 들어가기도 전에 원심력에 의해 다시 밖으로 튕겨 나왔습니다.

심층으로 다시 들어가기 위해서는 껍데기를 벗어야 합니다. '당신

의 교회는 어느 교단에 속해 있느냐' 같은 우문을 버려야 합니다. 교리
로 쌓아 올린 바벨탑 같은 교단 밖에서 참 예수님을 더 잘 만날 수 있
기 때문입니다.

꿈꾸는 자가 오는도다

# 인간이 가장
# 위험해질 때


인간은 타자를 부정함으로써 인간이 되었습니다. 유전학적 관점에서 현생 인류의 조상인 호모 사피엔스에 대해 유발 하라리Yuval Noah Harari가 정의한 말입니다. 현생 인류인 호모 사피엔스는 다른 유사 종들을 멸종시키고 혼자 살아남았다는 것입니다. 인간에 대한 이러한 이해는 진화생물학이나 문화인류학적 이해가 아니라 인간성에 대한 철학적 통찰이며 종교적 성찰에 가깝습니다. 또 인간은 파멸적 존재라는 것입니다. 이 말에는 인간의 존재 자체가 세계를 혼돈과 무질서, 멸망의 나락으로 떨어뜨릴 것이라는 종말론적 인식이 내재해 있습니다.

창세기에 나오는 바벨탑 이야기는 유발 하라리가 말한 사피엔스의 특징을 잘 보여주는 사건입니다. 타자와의 소통과 연대보다 집단적 결집을 통해 타자를 혐오하고 배제하려는 인간 정신의 특징을 잘 보여주기 때문입니다. 이런 측면에서 바벨탑은 파시즘fascism의 원형이라고도 볼 수 있습니다. 파시즘이란 말은 하나의 '묶음'이라는 데서 연원합니다. 국가를 전체주의적 시스템으로 묶는 것은 외부의 타자를 적대시하기 위해서입니다. 나치Nazi 역시 러시아의 볼셰비키 좌파 공산주의에 대항하기 위해 탄생한 우파 사회주의 집단으로부터 출발했습니다. 외부로 흩어지는 개방형 사회가 아니라 외부를 혐오하고 배격하기 위해 내부를 결속시키는 사회 시스템으로, 그것은 또 하나의 바벨탑이었습니다. 바벨탑은 인간의 역사 속에 끊이지 않고 축조되었습니다. 바벨탑은 인간 정신의 분열적이고 파멸적인 현상입니다.

기독교라는 아주 독특한 종교가 2,000년 전에 인류사에 등장합니다. 타자에 대한 배제와 혐오가 넘쳐나는 제국과 식민지 구도 속에서 한 시골 청년이 등장하여 신의 통치와 자기희생의 역설을 선포한 것입니다. 그리고 그것을 '하나님 나라'라고 말합니다. 그 청년의 이름은 예수였습니다. 그는 신이 인간이 되어 인간의 연약함 가운데 고통받고 스스로 죽음을 선택함으로써 인간성 안에 있는 사피엔스의 유전자를 불태웠습니다. 그리하여 그는 그리스도가 되었습니다. 타자를 배제하고 파멸시킴으로 생존하려는 인간 본성을 살해하고, 새로운 인간의 모습으로 부활한 것입니다. 예수님은 자신의 삶과 죽음, 부활을 통해 말합니다.

"네 인간의 파멸적 본성에 불을 지르고 다시 태어나라."

이것이 거듭남의 비밀이고 부활의 의미입니다.

기독교는 그렇게 탄생한 종교입니다. 아니, 종교가 아니라 가르침이며 깨달음이며 존재에 대한 혁명적 전환(paradigm shift)이었습니다. 그런데 그런 종교가 언젠가부터 폭력적이고 파멸적인 집단과 손을 잡기 시작했습니다. 사피엔스의 본성을 그대로 따르며 배제와 혐오의 파시즘과 하나가 됐습니다. 예수님의 이름으로 바벨탑을 쌓은 것입니다. 가장 신성하고 거룩한 예수님을 가장 파렴치하고 폭력적인 집단에 팔아먹은 것입니다. 기독교는 지금 빌라도의 법정이 되고 말았습니다.

인간은 불완전한 존재입니다. 불완전한 존재가 완전함에 이르고자 욕망의 이빨을 드러낼 때, 인간은 위험해집니다. 내가 알고 있는 이것이 가장 옳다고 믿을 때, 그때가 인간에게 가장 위험할 때입니다. 나의 프레임에 예수님을 가두어 놓고 그것만이 예수라고 믿을 때, 그때 교회가 가장 위험한 때인 것처럼.

# 기독교인들은
## 어떻게 지옥을 만들었나

불이 났습니다. 사람이 죽었습니다. 그런데 이 화재와 죽음은 우연히 일어난 사고가 아니라 우리의 일상이 만들어낸 참사라는 데 문제가 있습니다. 2021년 6월 17일, 경기도 이천시에 있는 쿠팡 물류센터에서 일어난 일입니다. 화재를 진화하는 과정에서 소방관 한 사람이 사망했습니다. 그런데 그 현장에 갇혀 죽어가는 사람이 그뿐만이 아니었습니다. 물류를 배송하는 택배원 모두 불타는 경쟁의 불꽃 가운데 갇혀 있었습니다. 그 불은 누가 질렀는가. 우리가 질렀습니다.

쿠팡은 창업 이래 계속되는 적자를 타개하기 위해 해외에서 대규모 투자 유치를 했음에도 불구하고 적자가 지속되고 있었습니다. 경영 개선책으로 2014년부터 로켓배송을 시작했습니다. 이 로켓배송에는 오전에 주문된 신선식품을 당일 18시까지 배송하는 신선 주간 배송과 오전에 주문한 상품을 당일 21시까지 배송하는 당일 배송, 심야 배송, 새벽 배송 들이 있습니다. 주변에서 이 빠른 배송을 주문하는 걸 보고 나는 쿠팡 앱을 삭제했습니다. 쿠팡의 빠른 배송 속도에서 비인간적인 노동의 강도를 읽었기 때문입니다. 그러다 끝내 일이 터지고 말았습니다.

우리는 빠른 것이 가치를 결정하는 시대에 살고 있습니다. 아니, 우리는 속도에 중독되어 있습니다. 그 속도가 나에게 무슨 의미인지 묻지도 않고 속도만을 즐깁니다. 우리가 주문하는 쇼핑몰 상품 중에 촌각을 다투어 빠르게 받아야만 하는 게 과연 얼마나 되는지요. 그런 정도의 급박한 상품이라면 동네 마트나 오프라인 쇼핑몰에서 구입하면 됩니다. 그런데 우리는 급하지도 않은 물건을 주문해 놓고 빠름을 강요하고 있습니다. 쿠팡의 로켓배송은 우리의 그런 속도 중독을 이용한 상술입니다.

쿠팡의 상술이 우리를 속도에 미치게 한 것이 아니라 우리의 속도 중독이 쿠팡의 상술을 낳은 것입니다. 공급은 수요를 따라 흐르는 물줄기 같은 것이기 때문입니다. 우리가 쿠팡의 물류 시스템을 구축했고, 우리가 쿠팡맨들을 잠들지 못하게 했으며, 우리가 택배 노동자들을 노예와 다를 바 없는 값싼 노동으로 내몰았습니다.

쿠팡은 신속한 배송을 위해 다양한 상품을 다량으로 미리 구비해야 했습니다. 거대 물류 창고가 필요했고 그것을 관리하고 배송하는 시스템에 사람의 노동력을 거칠게 사용해야 했습니다. 또 쿠팡은 자신들이 도매로 구매하는 상품은 후불 결제로 하고 판매하는 상품은 즉시 결제받는 구조를 통해 납품업체와 소비자 사이에서 발생하는 금융 이익을 보기도 합니다. 쿠팡은 구조적으로 거대 자본이 소상공인과 택배 노동자의 희생 위에 있는 기업입니다. 더욱이 누적 적자가 4조 원이 넘게 발생했음에도 불구하고 쿠팡의 대표는 강남의 50평대 고급

아파트를 법인 명의로 임대하여 살고 있으며 2021년 한 해 동안 그가 받은 보수는 158억 원에 달했다고 합니다.

이처럼 자본주의는 다수의 택배원을 희생시킨 대가로 특정인이나 특정 세력이 이득을 보는 것이 정당화되는 사회입니다. 그것을 사회적 합의에 의한 것이라고 고전경제학은 말합니다. 노동자는 노동력을 제공하고 자본가는 자본과 생산수단을 제공하여 자기가 기여한 만큼의 대가를 가져가는 걸 공정하고 정당하다고 말합니다.

하지만 성경은 그렇게 말하지 않습니다. 마태복음 20장에 예수님은 천국을 포도원 품꾼에 비유합니다. 노동의 시간, 양과 무관하게 동일 임금을 주는 포도원 주인에 대해 말하며 천국이 그와 같다고 말합니다. 이 비유에 따르면 쿠팡의 대표와 택배노동자 사이에 발생하는 천문학적인 보수 차이는 지옥입니다.

이 지옥은 누가 만들었는가, 바로 우리입니다. 효율성과 이익을 최고의 가치로 여기는 경박한 소비주의에 빠진 우리가 이 지옥을 만들었습니다. 다행히 지상의 지옥은 무너뜨릴 수 있습니다. 하나님이 만든 게 아니라 사람이 만들었기 때문입니다. 그러면 이 지옥을 무너뜨리고 천국을 건설해야 할 사명을 가진 사람들은 누구인가요. 그리스도인들입니다. 그런데 그리스도인들도 똑같이 쿠팡에서 상품을 주문하고 배송이 늦다고 닦달합니다. 그리스도인들도 지옥을 만든 공범인 셈입니다.

기독교라는 진영에 속한 종교인들이 사용하는 주된 용어들이 있습니다. 은혜, 사랑, 구원 같은 말들입니다. 달달한 낭만적 언어들입니다.

그런데 성경에 귀가 아프게 등장하는 정의(미쉬파트)와 공의(체다카)라는 말은 입에 잘 올리지 않습니다. 자기 편리한 대로 자기에게 유리한 단어만 갖다 씁니다. 기독교 2,000년 동안 세상을 변화시키지 못하고 세상이 오히려 기독교에 역침투해 들어와 세속화된 것입니다.

나의 편리함을 버리고 조금 불편하게 사는 게 이 시대를 사는 그리스도인의 삶의 자세일 수 있습니다. 자본주의 시대를 살아가는 그리스도인들의 소비 생활은 다음과 같아야 할 것입니다.

- 과잉노동과 저임금을 통해 이윤을 추구하는 온라인 쇼핑몰은 이용하지 않습니다.
- 언론과 기사를 왜곡 편집하여 유통하는 인터넷 포털 사이트를 이용하지 않습니다.
- 가짜뉴스를 생산하고 집단 혐오를 부추기는 언론사의 기사는 보지 않습니다.
- 금권으로 국가기관을 배후 조종하고 탈법과 탈세를 저지르며 경영권을 세습하는 재벌 기업 제품은 구매하지 않습니다.

우리 시대의 참된 그리스도인들은 하나님의 정의를 위해 쿠팡으로 대표되는, 이 시대의 타락한 집단에 대해 이런 정도의 저항은 해야 합니다. 우리가 아무리 입으로 성경을 떠들어도 일상에서 작은 것 하나 저항하지 못한다면 그 말씀은 힘도 없고 능력도 없는, 죽은 말씀입니다. 이것이 우리가 말씀대로 사는 하나의 방식이어야 합니다.

# 목사들의
# 인신공양

태국에서 한 승려가 자살했습니다. 2021년 4월 15일, 자신을 단두대에 놓고 스스로 참수했습니다. 사회적으로는 자살이라 하는데 정작 본인은 이것을 부처님께 드리는 공양으로 생각했습니다. 자신의 몸을 공양 제물로 드려 공덕을 쌓음으로 내세에 지복을 누리고자 하는 종교적 신념 때문입니다.

이런 종교적 신념은 원시 종교에서나 있었던 것입니다. 귀한 제물을 드릴수록 신이 좋아한다는 생각은 원시 신앙으로 갈수록 뚜렷하게 나타납니다. 양과 염소, 그리고 그보다 더 크고 값비싼 소를 드리는 희생 제사 풍습은 동서양을 막론하고 대부분 종교에 있었습니다. 이런 제사 관념은 간혹 동물보다 귀한, 사람을 제물로 바쳐서 신을 더 기쁘게 할 수 있다는 극단적인 생각으로 발전하기도 했습니다. 이런 종교적 관념에 따라 잉카 제국이나 아즈텍은 국가 차원에서 인신 제사를 행했습니다. 이 때문에 이들 나라에서는 인신 제물을 공급하기 위한 전쟁이 끊이지 않았습니다.

아브라함이 이삭을 제물로 바치려던 이야기, 사사기 11장에 나오는 사사 입다의 딸에 관한 인신 제사 이야기 들은 고대 근동의 인신 제사의 외연으로 보는 신학적 견해도 있습니다. 그런데 성경에 나오는 가장 끔찍한 인신 제사는 몰록입니다. 암몬의 신 몰록(몰렉, 밀곰, 밀감)은 소의 머리와 사람의 몸을 가진 황동의 상이었습니다. 암몬인들은 속이 빈 동상의 내부에 불을 지피고 발갛게 달구어진 몰록의 손 위로 어린아이를 올려놓아 불태워 죽이는 인신 제사를 드렸습니다. 구약성경은 이러한 인신 제사를 매우 혐오하며 여호와의 이름으로 저주합니다.

이러한 종교적 악습은 자연에 대한 두려움 때문에 나타납니다. 자연재해나 천재지변 같은 두려움에 사로잡힌 인간이 초자연적인 신의 능력을 통해 그 문제를 해결할 수 있다는 원시적 생각에서 인신 제사가 나타납니다. 그런데 이런 생각은 오직 자기와 자기 집단의 이해관계 안에서만 신을 생각할 때 나타납니다. 신을 기쁘게 한 대가로 현세의 지복과 내세의 구원을 약속받으려는, 이기적 태도는 모든 종교에 내재해 있습니다.

태국 승려가 스스로 참수한 일도 이러한 원시 종교의 특성에서 온 것입니다. 남방의 부파불교가 가지고 있는 이러한 폐단 때문에 일체중생을 계도한다는 신념으로 나온 것이 대승불교입니다. 자기 구원에 머무르는 게 아니라 모든 중생을 견성성불見性成佛할 수 있도록 힘쓰고자 한 것입니다. 이것이 대승불교가 지향하는 점입니다. 우리가 관용적으로 '대승적'이라는 말을 쓰는 것은 불교의 이러한 신앙에서 온 것입니다. 곧, 대승불교의 보살菩薩 신앙은 중생 계몽과 구원을 위해 태어난 사상입니다.

기독교만큼 인간과 사회에 관심을 가지고 하나님의 구원 계획을 실천한 종교도 없습니다. 물론 기독교 안에도 극단적인 개인 신앙은 언제나 있어왔습니다. 자기 이해 안에서만 신을 보려는 이기적 태도가 기독교 안에도 뿌리가 깊습니다. 이러한 이기적 신앙은 인간 구원을 '영혼 구원'이라는 관념으로, 한 마리의 길 잃은 양의 비유를 개인을 향한 특수한 구원 관념으로 해석하는 데 주저하지 않습니다.

구약성경은 공동체를 통해 만인을 구원한다는 메시지를 담고 있습니다. 예수님은 개인을 위한 구세주가 아닌, 우리 모두를 위한 구세주로 왔다는 사실을 신약성경은 분명하게 말하고 있습니다. 그런데도 우리는 여전히 실존적 불안 때문에 자기 안에서만 하나님을 보려고 합니다.

코로나 시국에 수도권의 한 교회가 전국의 지교회를 순회하면서 치유집회를 열었다가 확진자를 대량 생산했던 적이 있습니다. 교회 다니는 사람이라면 '치유집회'가 어떤 분위기에서 어떤 형식으로 진행되는지 대충 짐작할 것입니다. 마스크도 쓰지 않고 행해졌다는 이들 집회에서 떼 찬양과 떼거리 통성기도, 안수기도 같은 일들이 있었던 것입니다.

바이러스는 이단과 정통을 구분하지 않습니다. 자기 구원과 치유만을 위해 침 튀기며 기도하는 이기적인 신앙을 숙주로 삼을 뿐입니다. 이기적 자아, 이기적 집단, 이기적 신앙은 공동선과 대립한다는 것을 코로나바이러스가 단순하고 극명하게 말해주었습니다. 코로나바이러스는 어떤 신학자도 해내지 못한 이기적 신앙에 대한 하나님의 뜻을 명쾌하게 설명해주었습니다.

이 교회는 코로나바이러스가 전해주는 하나님의 참된 뜻을 이해하지 못했습니다. 어찌 이 교회뿐이겠습니까. 악을 행하면서도 그 악에 대해 비판하면 정부가 교회를 탄압한다고 핏대를 세우는 게 코로나 시국의 보수 교단과 교회의 모습이었습니다. 심지어 그들은 방역을 위해 종교 집회 자제를 당부하는 정부를 향해 종북 정부라고 비난했습니다. 나만 치유 받으면 되고 우리 교회만 유지되면 된다는 이기적인 신앙을 가진 교회들이 수면 위로 부상한 것입니다.

코로나바이러스가 퍼지더라도 자기의 종교적 목적만 달성되면 아무런 상관없다는 태도, 이것은 자기 스스로 참수하여 인신 공양을 한 태국의 승려와 다를 바 없는 짓이었습니다. 시대를 통해 하나님을 보지 못하고 성경의 문자를 통해서만 하나님을 보려는 원시적인 신앙 관념, 이것은 치유할 백신도 없는 질병입니다. 무지와 이기심이 손을 잡게 되면 어떤 것으로도 치유할 수 없는 질병이 됩니다.

# 성경은 해석되지 않을 때 위험하다

온 나라에 빨갱이가 들끓었습니다. 악의 무리가 국가를 전복시키기 위해 좀비처럼 몰려다니며 약탈과 방화를 저질렀습니다. TV와 라디오, 신문들은 온종일 불순분자들의 난동을 보도했습니다. 중학생이던 나는 두려웠습니다. 나라가 좀비 무리와 같은 악의 세력에 점령당해 망해버릴 것만 같았습니다. 국가를 전복시키기 위해 날뛰는 전라도 광주의 빨갱이들이 내가 사는 충청도까지 쳐들어올 것만 같았습니다. 하지만 다행히도 우리의 전두환 장군께서 공수부대를 투입하여 간신히 이 난국을 제압하고 있다 하니 일말의 안도감이 들었습니다.

내가 중학교 다닐 때, 5.18에 대한 내 기억을 회상하면 이렇습니다. 나는 학살당하는 사람들의 고통과 그들의 무죄함, 그리고 민주주의에 대한 열망을 알지 못했습니다. 언론이라 이름하는 자들의 조작과 거짓에 아버지도 속고 어머니도 속고, 동네 이장도 속아 넘어가고 있었으니 나 같은 청소년이야 어련했겠습니까. 교회 목사님도 나라 걱정을 하며 빨갱이들을 향한 하나님의 준엄한 심판을 설교했습니다. 맞습니다, 온 세상이 다 그렇게 믿고 있으니 나도 그렇게 믿는 게 당연했습니다. 하지만 개인이 아니라 한 집단이나 사회 전체가 거짓에 속아 넘어가거나 집단폭력의 가해자가 될 수 있다는 사실을 깨닫는 데 많은 시간이 필요치 않았습니다.

스무 살이 지나면서 사기는 개인과 개인 사이에 발생하는 형사사건이 아니라 국가 차원에서 발생할 수 있는 저열하고 끔찍한 분열증적 사건일 수 있다는 걸 알게 됐습니다. 광주 문제는 권력이 만든 사건이면서 동시에 그것을 왜곡하여 거짓말로 도배한 언론들의 사기 사건이었습니다. 권력은 총칼로 짓밟고 언론은 펜으로 소설을 써서 한 나라를 거짓과 폭력으로 짓밟을 수 있다는 걸 알았을 때 나는 아나키스트를 꿈꾸기 시작했습니다. 아나키스트에겐 국가만 없는 게 아니라 종교도 없었습니다.

이십 대 들어서 내가 기독교 신앙을 버린 이유도 여기에 있습니다. 교회가 국가 폭력의 동조자로서, 또는 거짓 선동의 동반자로서 광분의 대열에 서는 것을 알았기 때문입니다. 내가 존경하는 우리 교회 목사님도 그 대열에 있었습니다. 나는 예수님을 버린 게 아니라 거짓 선동에 꺼들리고 폭력에 동조하는, 교회가 가르쳐준 예수님을 버린 것입니다. 그 후 십여 년을 교회 밖을 떠돌면서 예수님이 누구인지 진정으로 알게 됐습니다. 교회가 가르쳐준 교리적 예수님이 아닌, 교회 밖의 예수님을 알게 됐을 때 나는 예수님의 신도가 아닌 예수님의 제자로 다시 살기로 했습니다.

세상의 거짓과 언론의 가짜뉴스에 속아 넘어가지 않는 것, 권력의 폭력에 눈 감지 않는 것, 그것이 예수님의 제자가 되는 첫 번째 길이었습니다. 또한 그리스도인으로서 오늘을 어떻게 살아야 하는지, 그것이 내게 주어진 삶의 문제가 되었습니다. '나'라는 자연인이 아니라 그리스도인의 삶을 살기로 했을 때 적잖은 고통이 찾아왔습니다. 이런 삶을 위해 크로산은 이렇게 말합니다.

"성경을 어떻게 읽어야 참 그리스도인이 되는가."

크로산은 문자를 읽는 행위로서의 독서가 아니라, 해석학적 성경 읽기를 주장합니다. 한국 개신교회에서 해석학적 성경읽기가 안 되기 때문에 교인들이 거짓과 선동에 놀아나고 세상의 폭력에 동조하여 진실을 압제하는 데 앞장서는 것입니다. 그런 면에서 탁월한 성경해석의 전범을 보여준 책이 『성경을 어떻게 읽어야 참 그리스도인이 되는가』입니다.

크로산은 성경에 등장하는 모순율들, 곧 급진적인 하나님의 명령과 세속적 가치가 충돌하는 성경의 본문 중 어떤 것을 따라야 하는가, 하는 문제의식으로부터 출발합니다. 살인하지 말라 하신 하나님의 명령과 진멸하라는 명령 중 어느 것이 참인가, 나귀를 타고 오시는 예수님(요한복음)과 군마를 타고 와서 잔인한 학살극을 연출하는 예수님(계시록) 중 무엇이 진실인가. 극단적으로 대립하고 충돌하는, 서로 다른 하나님의 모습과 예수님의 모습 중 어떤 것이 참이고, 어떤 것을 따라야 하는가에 대한 진지한 고민으로부터 이 책은 출발합니다.

크로산의 해박한 고대 문헌 탐구와 역사적 고증, 고등비평 방법으로 이 문제를 풀어갑니다. 그의 행간을 따라가다 보면 그동안 내가 왜 참 그리스도인이 될 수 없었는지 이해할 수 있게 됩니다. 크로산은 성경의 본문이 쓰인 시대적 상황과 맥락, 그리고 성경의 텍스트가 된 모체로서의 주변부 신화와 문헌들을 대조합니다. 그리하여 성경이 세속사회의 폭력성, 제국의 야만성에 반하는 하나님의 급진성을 끊임없이 강조하고 있음을 밝힙니다. 이 책의 제목을 통해 크로산이 제시하는 참 그리스도인이 되는 방법은 성경을 해석학적으로 읽어야 한다는 것입니다. 그렇지 않으면 광주를 빨갱이 좀비 소굴이라고 생각하는 것처럼 성경을 통해 오히려 폭력을 조장하고 제국의 압제에 동조하는 반인륜적 인간이 될 수 있다는 것입니다.

교회가 성경을 해석하지 않고 성경 신봉자가 됐기 때문에 제국의 폭력과 예수님의 가르침을 분간하지 못하는 것입니다. 언론과 국가를 절대 선으로 볼 때 나타나는 왜곡된 인식, 광주는 빨갱이 좀비 소굴이고 그들은 죽어 마땅하다는 생각처럼 자기 인식 밖의 사람들을 지옥으로 몰아넣고 싶은 욕망에 사로잡히는 것입니다. 성경은 해석이 필요한 텍스트지 그 자체로 신봉해야 할 절대 선이 아닙니다.

5.18은 우리 역사에 있었던 비극적인 사건입니다. 하지만 나에게는 언론과 권력이 야합하여 한 사람의 생각과 인격을 야만의 나락으로 떨어뜨린 사건이기도 합니다. 광주는 빨갱이 좀비 소굴이니 그들은 죽어 마땅하다는, 야만적 인식을 하게 만든 사건입니다.

그런데 권력은 바뀌었는데 언론은 바뀌지 않았습니다. 오히려 더 야만스러워졌습니다. 포털이라는 새로운 제국이 등장하여 언론이라 이름하는 사기꾼들에게 젖을 물리고 있기 때문입니다.

# 프레임에 갇힌
## 사람들

전통 상례喪禮에서 시신을 꽃상여에 얹고 그것을 메고 가는 사람들을 상두꾼이라 합니다. 지역에 따라서는 상여꾼이라 하기도 합니다. 상여의 선두에서 방울을 흔들며 사설을 하는 사람을 요령잡이라 하는데, 그가 메김소리를 하면 스물네 명의 상두꾼이 그 소리를 받아 후렴구를 하며 발을 맞추어 나아갑니다. 상여소리는 8분의 12박자의 느린 곡조로 호흡을 맞추어 망자에 대한 애도와 유족의 슬픔을 위로하는 정조를 띱니다. 그래서 망자가 누구인지 알지 못하더라도 처연한 상여소리를 듣는 누구나 비감에 젖어 망자에 대한 애도의 마음과 슬픔에 젖게 됩니다. 상여소리는 망자의 죽음을 세상 사람들에게 알리는 이별의 소리입니다. 상여소리는 한 사람의 죽음을 마을에 고하는, 정보 전달의 기능을 합니다. 또 망자가 나고 자라 생애 전부를 보냈던 지상의 산천초목에 그의 죽음과 자연에로의 귀환을 알리는 소리이기도 합니다. 망자가 이 땅에 존재하였음을 천지에 선포하는 것입니다. 사람은 살아 있을 때나 죽었을 때나 그 이름이 불리어서 존재할 수 있습니다. 죽음을 대하는 우리 조상들의 방식은 이처럼 인격적이고 자연적이며 우주적이었습니다.

윤석열 정부는 2022년 10월 29일 있었던 이태원 참사 초기에 희생자들의 빈소에 이름도 영정도 위패도 없이 조문을 강행했습니다. 희생자의 이름조차 공개하지 못하게 했습니다. 도대체 누가 죽었는지 알지도 못한 채 장례를 치른 꼴이 된 것입니다. 상갓집에서 실컷 울고 난 뒤, '누가 죽었는데?' 하는 격이었습니다. 대통령실과 정부가 내세운 명분은 유족들의 동의를 구해야 한다는 것이었습니다.

이것은 분명히 정부의 무능과 무책임으로 발생한 국가적 재난 사건이었습니다. 단순한 사적 죽음이 아니었습니다. 사회적인 문제이고 사회적 관심과 애도가 필요한 희생이라면 그들의 이름을 부르며 함께 애도해야 하는 게 마땅합니다. 과거 삼풍백화점 붕괴, 성수대교 붕괴, 대구 지하철 방화사건, 세월호 때도 유족의 동의를 구하고 명단을 공개하진 않았습니다. 국가적 재난이었고 사회적 사건이었기 때문에 유족의 동의 없이 사회적으로 희생자의 이름을 공유하고 기억하며 애도했던 것입니다.

윤석열 정부가 그런 프레임을 만든 것은 유족들이 결집하는 것을 막기 위해서입니다. 정부의 이런 행태는 로마 정부로부터 기인한, 제국이 식민지를 지배하던 분할통치(divide and rule)의 한 방식입니다. 식민지 민중이 제국의 압제에 저항하지 못하도록 지역으로 흩트려 놓고 각각의 지역에 그 지역 출신 인사를 황제의 하수인 총독으로 임명한 것 말입니다. 이 통치 방식은 제국이 설계한 프레임에 의해 식민지 백성이 분열되고 자기들끼리 싸우게 만드는 것입니다. 이것이 제국의 분할통치였습니다. 프레임으로 나누고 갈라치기하여 자기들끼리 싸우게 만들어 거대 권력을 보지 못하게 만드는 통치 기술입니다. 예수님의 죽음이 로마 황제 카이사르가 아닌, 유대 총독 빌라도에게 프레임이 씌워졌던 것과 같은 맥락입니다.

윤석열 정부는 보았습니다. 세월호 사건 때 유족의 결집과 그들의 애도가 전 국민의 공감을 얻어 박근혜 정부를 몰락시킨 과정을 말입니다. 그들은 그것을 두려워한 것입니다. 그래서 분할통치 프레임을 짠 것입니다. '유족의 동의'라는 프레임을. 유족이 자신들의 비극적 사건과 그로 인한 슬픔을 외부에 노출하고 싶어 하지 않는다는, 눈물 나는 인권 프레임을 고안한 것입니다. 윤석열 정부가 인권을 생각할 만큼 민주적인 가치를 존중하지 않는다는 것을 짧은 시간에 보여주었습니다. 윤석열 정부가 보여준 것은 자기 치부를 덮기 위해 사람들의 시선을 돌리려는 하나의 프레임일 뿐입니다. 죽음과 애도, 분노의 프레임에서 인권의 프레임으로 시선을 돌리려는 것이었습니다.

이 멋진(?) 프레임에 쉽게 낚이는 사람들이 있습니다. 소위 자신을 합리성과 다양성, 인권의식을 갖춘 지식인이라 생각하는 사람들이 이런 프레임에 쉽게 걸려듭니다. 무지해서 프레임에 낚이는 게 아니라 너무 잘 알고 있다는 자기 확신 때문에 프레임에 갇힐 때가 있습니다. 한 나라의 통치권자가 프레임을 사용하는 것은 사람들의 식민지 노예근성을 활용하는 후진적인 정치 기술입니다. 가장 불쌍한 노예는 자신이 자유인이라고 생각하며 노예적 사고를 버리지 못하는 것입니다.

# 타자의
# 죽음

헝가리 라슬로Nemes Jeles László 감독의 2015년 영화 〈사울의 아들〉은 타자의 죽음에 대한 이해를 통해 생명의 가치를 재확인합니다. 영화에서 주인공 사울은 홀로코스트에서 대량으로 학살된 시체를 처리하는 유대인 일꾼입니다. 그가 처리하는 시체들은 하나의 폐기물일 뿐입니다. 시체는 단지 고깃덩어리이고 나무토막에 불과합니다. 그들은 시체를 '토막'이라고 부릅니다. 사울의 얼굴에는 공포와 순응, 그리고 관료적 성실함이 복잡하게 얽혀 있습니다. 죽은 자들이 벗어놓은 옷가지를 거두고 그 안에 있는 귀중품을 분리수거하는 일, 가스실에서 죽어간 사람들이 배설한 분비물을 닦아내는 일, 토막(시체)들을 옮기는 일을 반복하는 그의 얼굴은 무표정합니다. 살아 있으나 사실은 죽은 사람입니다.

그런데 시체를 처리하는 반복되는 노동 가운데 그를 변화시키는 한 사건이 일어납니다. 무표정한 얼굴에 표정이 생기고, 의식이 돌아온 환자처럼 생기가 돕니다. 주검 가운데 아들의 시신을 발견한 것입니다. 사울은 아들의 시신을 숨깁니다. 아들의 시신을 나무토막처럼 불구덩이에 던져 넣을 수 없었던 것입니다. 그는 위험을 무릅쓰고 수용소 내 어딘가에 있을 랍비를 찾아 헤맵니다. 아들의 주검을 종교적 절차를 거쳐 매장하고 싶어서입니다. 그것이 아들의 죽음에 대한 최선의 인간적 배려이고 죽음을 대하는 인격적 방식이기 때문입니다.

그는 자기가 가진 모든 것을 바쳐 랍비를 찾으러 다닙니다. 영화는 관객에게 표정 없이 반복되는 사울의 무모한 행위를 통해 점차 죽음을 새롭게 인식하도록 유도합니다. 생명의 호흡과 맥박이 정지되고 체온이 식고 감각이 죽어 없어진 몸이라 할지라도 그것에 인격성을 부여해야 하는 것이 사울의 죽음에 대한 인식이며 태도입니다. 그는 자기가 가진 모든 것을 바쳐 랍비를 찾으러 다닙니다. 뒤집어보면 죽음을 대하는 태도는 삶을 대하는 태도입니다. 삶과 죽음은 동전의 양면과 같기 때문입니다.

생물학적 조건을 넘어선 영혼과 정신이 생명에 대한 근원이라는 점을 감독은 말하고 싶은 것입니다. 관객은 표정 없이 반복되는 사울의 무모한 행위를 통해 점차 죽음을 새롭게 인식하게 됩니다. 사울의 행위에서 생명의 근원적 가치와 존엄성을 발견하게 됩니다.

영화의 후반부에 가면서 사울이 집착하고 있는 시신이 실제로는 사울의 아들이 아니라는 사실이 드러납니다. 사울에겐 아들이 없었던 것입니다. 그러면 왜 사울은 자기와 무관한 타인의 시신을 자기 아들로 인식했던 것일까요. 나무토막 같은 수많은 시체를 생각 없이 처리하는 과정에서 삶에 대한 자각이 일어났기 때문입니다. 타인의 죽음이 곧 나의 죽음이라는 인식, 그것이 내 아들의 죽음처럼 영혼을 찌르고 들었던 것입니다.

나치가 유대인을 학살하고 그들의 시신을 처리하는 방식은 인류 역사에서 반복된 악습입니다. 부패하고 타락한 권력은 자기들의 치부를 가리기 위해서 타인을 학살하고 그것을 은폐하고 조작하며 거짓말로 능칩니다. 애통하게 죽은 사람들에겐 일말의 책임감도, 인간으로서의 공감도 갖지 않습니다.

일제는 1923년 간토 대지진 이후 흉흉해진 민심 가운데 조선인을 대량 학살했습니다. 그리고 중일전쟁 동안 중국인 390만 명을 학살했습니다. 1932~1933년에 스탈린Joseph Stalin은 우크라이나에서 800만 명을 학살했습니다. 1970년대 중후반 캄보디아에서는 폴 포트Pol Pot에 의해 300만 명이 학살당했습니다. 1994년에는 르완다에서 종족 분쟁으로 80만 명이 학살됐습니다. 1939~45년 사이에 크로아티아에서는 60만 명이 학살됐습니다.

이러한 학살은 비문명화된 고대사회에서가 아니라 문명이 고도로 발달한 근대로 올수록 더욱 참혹하게 일어납니다. 개인과 소수 집단 간의 증오범죄가 아니라 민족과 국가 사이의 대형 증오범죄입니다. 이러한 거대 집단 간의 증오로 인해 발생하는 학살을 제노사이드genocide라고 합니다. '인종 말살'이라는 이 단어는 1944년 이후부터 사용되기 시작했습니다. 홀로코스트 전후입니다. 특정 집단이나 종족의 씨를 말리고자 하는 폭력적 범죄가 합리성을 내세우는 근대 이후로 더욱 야만적으로 나타난 것입니다.

제노사이드가 일어날 때마다 사람들은 타자의 죽음을 상투적으로 바라보게 됩니다. 그것을 내 죽음으로 공감하지 못하게 합니다. 사람은 타인의 죽음을 통해 자기 죽음을 인식하고 자기 죽음을 바라봄으로써 존재의 심연에 이를 수 있습니다. 하지만 근대사회는 타자의 죽음을 인격적으로 바라보지 못할 정도로 야만적으로 타락했습니다. 죽음을 대하는 태도가 비인격적이고 비열하기까지 합니다.

한 국가의 권력이 타락할 때 죽음을 대하는 태도와 방식은 이렇습니다. 죽음에 대한 인격적 태도를 저버린 권력은 살아있는 사람에 대해서도 같은 태도를 취합니다. 제주 4.3 학살을 일으킨 이승만 정권, 광주 5.18 학살을 저지른 전두환 정권, 그리고 세월호의 비극을 낳은 박근혜 정권, 이태원 참사를 불러온 윤석열 정권 들은 살아있는 사람에 대해 지극히 야만적인 권력이었습니다.

타락한 권력은 야만성을 띠게 되고 야만적인 권력은 타자의 생명에 대해 공감하지 못합니다. 사울처럼 타인의 죽음을 통해 자기 아들을 상상하는 각성이 일어날 수 없습니다. 사람은 인격적으로 변화될 수 있지만 권력은 인격이 변화될 수 없습니다. 권력은 사람이 아니기 때문입니다.

타자의 죽음에 대한 이해는 생명의 가치에 대한 공감입니다. 사람을 사람으로 존중하지 않고 나무토막처럼 여기는 홀로코스트의 시선으로 사람을 바라보는 것은 죄악입니다.

# 착한 사람들만의
# 세상

2019년에 개봉한 봉준호 감독의 영화 〈기생충〉은 계층의 사다리를 걷어차인 밑바닥 인생들의 이야기입니다. 봉준호 감독은 전작 영화들처럼 계급투쟁을 전면에 내세우지는 않습니다. 오히려 자본의 상층부에서 탈계급화된 권력자와 그 아래에서 기생하며 새로운 계급 질서를 두고 벌이는 싸움을 유머러스하게 그립니다.

박사장네가 갑이고 기택이 부인 정숙이와 박사장네 집 전 가정부는 각각 을과 병의 지위를 두고 투쟁합니다. 자본주의가 심화되면 최상층부의 자본 계급은 갑의 지위마저 벗고 탈계급화됩니다. 대신 그 아래에 있는 을과 병이 갑과 을이 되어 대리전쟁을 치러줍니다. 지하 계단을 반복적으로 오르내리고 굴러떨어지기도 하는 장면들은 바로 우리 사회의 을과 병들의 전쟁, 곧 갑을 대신하여 치루는 계급 전쟁입니다. 기우는 친구 민혁이가 돌(산수경석)을 가져왔을 때 그 돌을 보며 "상징적이네"라고 말합니다. 영화 전반부에 나오는 기우의 이 한마디는 이 영화 자체가 우리 사회의 계급 구조를 상징한다는 의미이며 복선입니다.

계급을 초월한 권력은 밑바닥 인생들과 직접 접촉하지 않아도 됩니다. 자기들의 손에 더러운 것을 묻히지 않고도 다른 계급을 통해 자신이 치러야 할 전쟁을 대신하게 할 수 있습니다. 그 때문에 밑바닥 인생들이 초계급적인 부자들의 악마성을 눈으로 볼 수 없습니다. 그들의 부가 어떤 사회구조와 과정을 통해 축적됐는지, 그 부가 성취되는 과정에서 자신들이 어떻게 착취되었는지 눈으로 볼 수 없습니다. 반지하에 사는 가난뱅이들이 직접 상대하는 것은 오직 피자집 주인 나부랭이고, 박스접기 노동 임금을 깎아 먹으려는 얌체 자영업자 정도입니다. 그 얌체 자영업자의 최상층부에 박사장네 같은 거대 자본 권력이 있음을 보지 못합니다.

밑바닥 인생을 살면서 음모와 배신, 속임수, 불공정, 협작질 같은 것을 경험하고 살아온 기택 가족에게 박사장네 가족은 순진하고 착한 사람들로 보입니다. 그들은 그런 저질스러운 인간 군상 밖에서 사는 사람들로 보인 것입니다. 손에 더러운 걸 묻히지 않는 '착한 사람들'이었습니다. 그래서 기택이는 이렇게 말합니다. "부자들은 착하고 순진해"라고. 그의 아내도 이에 동의합니다. "부자들은 구김살이 없어, 돈이 다리미야"라고.

하지만 이 말은 기택의 아들 기우에게 과외 자리를 양도한 민혁에 의해 다른 의미가 내재한 복선으로 작용합니다. 민혁은 기우에게 이렇게 말합니다.

"사모님은 젊고 예쁜데…, 심플해!"

단순하고 모자란다는 뜻입니다. 그러므로 기택의 '부자들은 착하다'는 말의 진짜 뜻은 부자들은 사회 모순과 부조리, 그리고 그로 인해 발생하는 인간의 고통에 대해 무지하다 입니다. 자기의 부와 권력 안에서 자기만 바라보고 살아왔기 때문에 다른 사물과 세계를 볼 줄 모르고, 인간과 사회 문제에 대해 생각할 수 없이 단순화됐다는 뜻입니다. 그러므로 착하다는 말은 세상 물정 모르는 천치이거나 분별력이 모자란 멍청이라는 말의 반어反語입니다.

기택의 이 반어법은 삶에 대한 그의 인식과 태도에서도 나타납니다. "절대 실패하지 않는 계획은 무계획"이라는 기택의 말에는 계층의 사다리를 걷어차인, 희망 없는 밑바닥 인생의 자기 인식입니다. 계획대로 되는 게 없는 까닭은 계층의 사다리가 걷어차였기 때문입니다. 더 이상 올라갈 수 없는 절망의 지하 바닥에서 생각한 자기 존재 의식입니다. 자본주의가 심화된 사회에서는 자본 권력의 정점에 오를수록 계획대로 잘살게 됩니다. 저택과 벤츠 승용차, 사람을 자유롭게 자르고 다시 고용할 수 있는 선택지들을 가진 박사장네는 계획한 대로 인생을 살 수 있는 여지가 훨씬 많습니다. 바로 돈의 맛입니다. 처벌받지 않는 재벌들, 경찰공무원을 1계급 특진시킬 수 있는 언론과 자본의 권력, 이것이 돈의 맛입니다.

박사장네는 자기 계급의 경계를 분명히 인식하고 있습니다. 그래서 선을 넘는 것이 제일 싫다고 말합니다. 그 선은 매너 없고 에티켓을 지키지 않는, 그런 일상에서의 행위가 아니라 계급의 선을 암시합니다. 하층계급이 상층계급으로 기어오르는 것은 못 봐준다는 뜻입니다. 그래서 박사장은 기택이네 가족에게서 풍겨나오는 그 좋지 않은 냄새, 지하철을 타는 사람들에게서 나는 하층계급의 냄새를 본능적으로 혐오합니다.

폭우로 기택이네 반지하가 물에 잠겨 기택이네는 난민 수용소에 거하게 됩니다. 비가 그친 뒤 청명한 날씨에 마당의 잔디밭에서 가든파티를 여는 박사장네집 풍경은 물에 잠긴 기택이네 집과 대조를 이룹니다. 누군가에게는 재앙이 된 비가 누군가에게는 화창한 삶을 여는 축복이 됩니다. 이것이 서로 다른 계급 사이에 일어나는 반사 이익이고 반사 저주입니다. 부란 누군가의 고통의 결과로 주어지는 쾌락의 수단입니다.

가든파티에서 박사장이 기택의 냄새에 역겨워하는 모습을 보였을 때 기택은 본능적으로 박사장에게 칼을 꽂습니다. 기택의 박사장 살해는 계급에 대한 합리적인 이해와 판단에서 일어난 저항이 아니라 하층계급의 본능적 발작이었습니다. 착한 사람으로 알고 있던 부자 박사장의 그 혐오스러운 표정에서 최초로 나쁜 놈이라는 낌새를 본 것입니다.

기택의 계급에 대한 인식, 곧 '부자는 착한 사람'이라는 인식이 실은 교회 안에도 팽배합니다. 목사님은 주의 종이고, 주의 종은 다 선하고 착하다는 인식 말입니다. 설사 사람이라서 잘못을 할 수도 있지만, 그것은 하나님이 심판하실 일이지 하위 계급인 평신도가 함부로 논해서는 안 된다는 생각이 교회 안에 오랫동안 있었습니다. 또 박사장네와 같은 탈계급적 선민의식을 가진 보수적인 목사들도 많습니다. 그들은 인간과 사회에 관심이 없습니다. 오직 자기가 문자적으로 신봉해온 경전 안에서 자기와 자기 집단만을 이기적으로 이해합니다.

교회는 피차 착한 사람들만의 세상이 되고 말았습니다.

# 일본은 왜
# 망하고 있는가

우리나라 사람이 일본에 갖는 시선과 감정은 묵시적입니다. 일본 멸망설, 일본열도 침몰설 같은 것들은 오래전부터 가벼운 농담처럼 회자되는 묵시였습니다. 사실 묵시는 미래 사건에 대한 예언으로서보다 그렇게 되기를 바라는 기원의 의미가 더 큽니다. 우리는 일본이 망하기를 오래전부터 기원하고 있었습니다. 식민지 시대의 원한이 이런 묵시적 기원으로 나타난 것입니다.

그런데 일본이 정말 망하고 있는 것 같습니다. 믿을 수 없는 일들이 일본에서 벌어지고 있는 것을 봅니다. 일본이 망하기 시작한 것은 아마 1990년대일 것입니다. 그때부터 천정부지로 치솟아있던 부동산 가격이 폭락하면서 내수가 위축되고 기업이 도산하기 시작했습니다. 이로 인해 금융이 부실화되고 일본 전체의 경기가 침체되는 악순환의 고리에 빠졌습니다. 거기다 2011년에 규모 9.0의 동일본대지진으로 인해 후쿠시마 원전이 무너졌습니다. 이를 처리하는 과정에서 아베 정권은 비상식적인 태도를 보였습니다. 문제를 해결하는 쪽으로 가는 게 아니라 사건을 더 키우는 쪽으로 갔습니다.

　이로 인해 일본의 수산물들이 국제시장에서 의심받기 시작했고 금수조치를 당하게 됩니다. 도쿄올림픽을 통해 원전 사고로 인한 부정적 이미지를 씻고 경제를 도약해보려 했지만, 코로나19 때문에 모든 게 무산될 위기에 처하게 됩니다. 거기다 올림픽을 강행하려고 코로나 확진자 수치를 낮추기 위해 기만적인 방역을 했습니다. 아예 방역을 포기한 듯한 모습을 보이기까지 했습니다. 올림픽은 물 건너갔다는 비관적인 전망이 나왔습니다. 그리고 방역 실패와 의료시스템 붕괴로 인해 일본열도는 아비규환의 지경으로 치닫게 됐습니다. 올림픽은 차치하고라도 몇 단계씩 변이가 일어난 코로나바이러스에 전 국민이 그대로 노출되어 대책 없이 죽어가는 상황이 발생했습니다.

　우리나라 같았으면 시민들이 벌써 길거리에 쏟아져 나왔을 것입니다. 무능한 정부는 탄핵을 당하고 각료들은 실각되었을 것입니다. 그런데 일본인들은 이러한 상황에서도 크게 반응하지 않았습니다. 정부의 잘못된 판단과 정책에 항의하지 않은 것입니다.

　일본인들의 정신구조는 한국인들과 다른 특성을 가지고 때문입니다. 어떤 이들은 일본인의 이러한 특성을 세련된 합리주의로 이해합니다. 하지만 이것은 합리적인 것도 아니고 세련된 시민의식도 아닙니다.

　일본인들의 이러한 정신구조에 대해 제일 먼저 분석한 것은 미국입니다. 2차 대전을 치르면서 비로소 일본인들을 직접 경험한 미국은 매우 당황하게 됩니다. 천황을 위해 자기 몸을 불태우는 가미카제나 사무라이식 할복 문화, 완전히 궁지에 몰린 군대가 죽음을 목전에 두고도 패배를 인정하지 않는 태도 들을 보면서 미국은 매우 당혹스러웠습니다. 그래서 미 국방성은 적국 일본의 정신구조를 심층 연구해 달라는 프로젝트를 인류학자 루스 베네딕트Ruth Benedict에게 요청합니다. 그 결과로 나온 보고서가 「일본문화의 패턴」입니다. 이후 이 보고서는 수정을 거쳐 『국화와 칼』이라는 책으로 출간되었습니다. 일본의 정신구조에 대해 가장 정확한 분석을 하고 있는 것으로 아직도 인정받고 있는 고전입니다.

베네딕트는 이 책에서 일본인의 정신구조 안에 카스트가 있다고 말합니다. 막부시대를 끝내고 왕정복고가 이루어진 메이지유신이 카스트가 시작된 시점으로 봅니다. 메이지 정부는 백성들에게 각각의 자기 계급에 맞는 위치를 설정하고 그 계급적 경계선을 넘지 않도록 했습니다. 그 계급의 최고 정점에 천황이 있습니다. 일본인들은 자기 계급의 경계선을 지키는 것을 '분수'를 안다,고 말합니다. 일본인들에게 분수를 모른다는 말은 배은망덕한 인간이라는 뜻입니다. 우리나라에서도 '분수를 알라'는 말이 있는데, 식민지 시절 일제의 문화적 관습에서 온 것입니다.

이 계급 경계선을 지키는 데 필요한 것이 온恩입니다. 온은 상층 카스트에 대한 복종을 위해 내면화된 윤리입니다. 상부 계층으로부터 은혜를 입었으니 그 은혜를 갚는 것은 마땅한 도리라는 것입니다. 그 도리를 기무義務라 하는데, 이 기무를 행하는 것을 채무 관계로까지 확장합니다. 일테면 기독교의 원죄 같은 개념으로 내면화시킨 것입니다. 그런데 더 가혹한 것은 채무를 변제하지 않는 자는 배신자, 부도덕한 자로 낙인찍는다는 점입니다. 그러므로 그것을 지키는 사람으로 인정받는 것이 일본인들에게는 삶의 최대의 과제입니다. 인정받기 위해 노예적 굴종을 당연하게 받아들이는 것이 바로 일본인들의 '온' 문화입니다.

일본에 세습 정치인들이 많은 것은 이 때문입니다. 중의원 중 26퍼센트가, 집권 자민당 의원 중 40퍼센트가 세습 정치인입니다. 그리고 일본 정부 각료의 50퍼센트 정도가 세습 관료입니다. 우리나라 같으면 상상도 할 수 없는 정치적 폐습이 일본에서는 아무렇지도 않게 일어납니다. 인도의 카스트가 표면화되고 제도화된 것이라면 일본의 카스트는 사람들의 의식에 각인되고 내면화된 것입니다. 그래서 일본의 정치인들이 무능과 부패로 얼룩지더라도 비판받거나 탄핵당하는 일이 없습니다. 지금까지 자민당 정권이 계속 유지될 수 있었던 이유도 여기에 있습니다.

일본의 독특한 선거문화도 일본의 정치에 영향을 미칩니다. 후보자의 이름과 기호에 기표하는 방식이 아닌, 직접 후보자의 이름을 적어 넣어야 하는 게 일본의 투표 방식입니다. 투표자가 후보자 이름을 가나かな로 직접 써넣어야 하는데 한 획이라도 틀리면 무효 처리됩니다. 이렇게 무효 처리된 투표지가 비상식적으로 많이 발생합니다. 그러니 무효 되지 않게 하려면 이미 익숙하게 알려진 기존 정치인 가문의 이름을 쓸 수밖에 없는 구조입니다. 전후 70여 년 동안 이 투표 방식이 바뀌지 않고 유지된 게 일본의 후진 정치가 지속된 요인이기도 합니다.

일본은 지금 망하고 있습니다. 부조리에 저항하지 않으면 부조리가 상식이 되고 그것은 패망으로 가는 지름길이 됩니다. 각각의 계급적 경계선 안에서 분수를 지키며 침묵하고 순응하는 사람들만 있기 때문입니다.

그런데 한국의 개신교회 안에도 '온'이 있습니다. '은혜'라는 말에는 이런 류의 순응 심리가 내재해 있습니다. 교회 안에 어떤 부조리가 발생했을 때 그것을 덮는 말로 은혜라는 말을 합니다. 담임목사의 공금 유용이나 세습 같은 부조리를 은폐할 때 '은혜로 하자'라는 말을 하기도 합니다. 은폐와 은혜가 유사 음가를 가진 동의어가 되어가고 있습니다.

# 천국은 누가
# 훔쳐먹었나

2020년에 개봉한 리 아이작 정Lee Isaac Chung 감독의 영화 〈미나리〉
가 미국 영화 시장에서 호평을 받고 아카데미상 후보에 올랐습니다.
미국에서 '미나리'를 높이 평가하는 이유는 아시안 패밀리의 이민 과
정을 보여주었다는 데 있습니다. 이민자들로 구성된 미국 입장에서
그것은 미국 시민의 정체성과 관련되는 문제입니다. 〈미나리〉는 서부
개척시대를 다룬 웨스턴 스타일의 영화에 지나지 않을 수도 있습니다.

그런데 이런 문제를 떠나 〈미나리〉에는 기독교인에게 불편한 진실
이 담겨있습니다. 받아들이기엔 불편하지만 진실이기에 거부할 수 없
는 것을 '불편한 진실'이라 합니다.

심장병이 있는 어린 아들, 그리고 딸과 아내를 데리고 시골에 농사
짓기 위해 들어온 잭은 가족에게 뭔가를 보여주기 위해 성공 의지를
불태웁니다. 영화의 표면을 장식한 스토리는 그 과정에서 일어나는
에피소드가 전부입니다. 영화는 사건을 시간 순서로 배열해서 보여
주는 줄거리 차원의 스토리가 아니라, 플롯을 통해 서사를 만듭니다.

〈미나리〉의 서사를 구성하는 플롯의 가장 중요한 메시지 전달자는 잭이 아니라 잭의 어머니입니다. 그 어머니의 세계관을 통해 미국 복음주의에 대한, 아니 미국 복음주의가 이식되어 근본주의화한 한국 개신교회의 불순한 세계관을 뼈아프게 찌르고 듭니다.

심장병이 있는 어린 아들 데이빗이 갑자기 발작이라도 일으키면 어떡하냐며 도시로 이사 가자는 아내 모니카는 남편의 고집을 꺾지 못하고 그냥 시골 생활을 하게 됩니다. 그런 그녀가 어린 아들의 심장병을 위해 할 수 있는 건 종교적 기원뿐이었습니다. 모니카는 병든 아들 데이빗에게 베드타임 스토리를 통해 같은 심장병을 앓고 있는 어떤 아이가 천국에서 병이 낫는 꿈을 꾸었다고 말해줍니다. 그 일이 현실에서도 일어났다고 말합니다. 어린 아들 데이빗이 잠들기 전에 천국을 보게 해달라고 기원하도록 종교적 처방을 내려주는 것으로 위안 삼는 것입니다.

미국식 복음주의가 한국인들에게 어떻게 전이되었는가를 보여주는 대목입니다. 현실의 고통과 아픔을 이기기 위해 초현실적인 세계를 갈망하며 기원하는 것으로 신앙을 고양하는 것이 가난과 억압 가운데 처한 조선인들에게 주효했던 것입니다. 현실을 직시하지 못할 때 신앙은 현실 도피를 위한 수단이 됩니다. 그것이 미국 복음주의가 가진 문제였습니다. 제시카에게 유일한 희망인 기도와 거짓으로 지어낸 소망은 데이빗의 할머니를 통해 붕괴됩니다.

손주를 봐주기 위해 한국에서 온 할머니는 고춧가루와 한약, 화투 등 바리바리 싸 들고 온 짐보따리를 풉니다. 이런 할머니의 모습에서 어린 데이빗은 "Korean smell"이 난다고 말합니다. 이 말은 하나의 복선입니다. 미국의 보수적인 기독교 패러다임과 한국의 전통적 세계관이 대립할 것이라는 암시입니다. 어린 데이빗이 잠들기 전 침대에서 천국을 보여 달라는 기도를 하는 것을 본 할머니는 기함합니다. 그리고 데이빗을 끌어다 품에 안고 토닥이며 넋 나간 사람처럼 되뇝니다.

"누가 그런 몹쓸 것을 가르쳐줬어! 원더플 미나리, 원더플 미나리, 원더플 미나리…."

그건 일종의 주술입니다. 미국 복음주의가 만들어놓은 이데올로기를 거부하는 주술.

한국의 전통 의식 가운데 성장한 할머니의 세계관에서 '천국'은 있을 수 없는 세계입니다. 천국은 지옥을 전제로 하기 때문입니다. 어린 데이빗이 엄마를 통해 주입받은 천국, 미국 복음주의가 엄마 모니카에게 주입한 천국, 거기에는 '천국 아니면 지옥'이라는 이분법적인 대립과 갈등이 폭력적으로 내재해 있습니다. 천국을 쟁취하기 위해 폭력적으로 대립하는 서구의 역사가 있습니다. 천국 복음을 전파하기 위해 복음을 모르는 사람이나 집단, 민족을 지옥 백성으로 규정하고 그들을 천국으로 보내기 위해 폭력을 휘두르던 서구 기독교의 죄악사가 있습니다. 그래서 천국은 데이빗의 할머니에게 오싹한 공포처럼 느껴지는 것입니다.

미나리는 천국에 대한 대안 상징입니다. 이 땅을 벗어나 영혼이 다다를 궁극의 초월 세계가 아니라, 지금 여기에서 건강하게 뿌리내리고 잘 살아가는 것, 그것이 천국의 현재적 의미라는 것입니다. 영혼의 구원을 위해 현재의 삶을 부정하고 짓밟아서 지옥으로 만들어버리는 천국, 그것은 천국이라는 이름의 지옥입니다. 현재를 지옥으로 만들어서 천국을 누리는 세력이 있습니다. 그들은 지금, 여기서 누려야 할 우리 모두의 천국을 훔쳐 먹고 있습니다. 하나님의 이름으로 우리의 천국을 훔쳐 먹는 사람들이 만든 나라가 미국이라고 영화는 암시합니다. 그 미국식 복음주의에 대한 부정 주술이 '원더풀 미나리'입니다.

미나리는 가난한 백성들의 식량이 되기도 하고 약이 되기도 합니다. 아무 데나 뿌리내리고 잘 자랍니다. 미나리는 천국을 도둑맞은 가난한 백성들이 지금, 여기에서 누릴 수 있는 생명의 상징입니다. 교회는 미나리가 자라는 습지가 돼야 합니다. 추상적이고 초월적인 관념의 구름 위를 걷는 영혼의 공동체가 아니라, 지금 여기에 하나님의 나라가 임하도록 노력하는 공동체가 돼야 합니다.

# 고양이 황석어젓
# 동성애

#고양이를 보면 걷어차고 싶다

내가 외출한 사이 고양이가 나의 빈방을 점령했습니다. 30년 전의 일입니다. 녀석은 점령군처럼 내 방을 폭파해놓았습니다. 여기저기 똥오줌을 지려놓고 책장의 책들과 상패류들을 떨어뜨려 깨트려버렸습니다. 고양이 한 마리가 나의 거주 공간을 짧은 시간에 이토록 난장판을 만들 수 있다는 게 놀라웠습니다. 화가 머리끝까지 치밀어올랐습니다. 방 안의 모든 문을 닫고 고양이를 잡기 위해 실랑이를 벌였습니다. 하지만 고양이와 뺑뺑이를 돌면 돌수록 방은 더 엉망이 되어갔습니다. 그 과정에서 고양이는 내 얼굴과 손등, 그리고 팔과 다리를 사정없이 할퀴고 말았습니다. 자기를 잡기 위해 달려드는 인간에게 두려움을 느낀 고양이가 할 수 있는 것은 필사적으로 저항하는 것이었습니다. 어린 아들이 벽지에 그려놓은 심란한 낙서처럼 내 몸에 고양이가 할퀸 자국이 사납게 지나갔습니다. 며칠 동안 사람을 못 만날 정도였습니다.

그 뒤로 고양이에 대한 트라우마가 생겼습니다. 고양이만 보면 그 때 상황이 연상되며 혐오 감정이 밀려왔습니다. 고양이만 보면 발로 걷어차고 싶었습니다. 그때부터 세상의 모든 고양이는 적이 돼버렸습니다. 그런데 어느 날 아들이 고양이를 데리고 들어왔습니다. 목사인 내 입에서 경망스러운 말이 튀어나올 뻔했습니다.

'웬수'처럼 눈도 마주치지 않고 살던 그 녀석에게 애정이 싹트게 된 것은 기적이었습니다. 내가 소파에 잠들면 어느새 내 팔을 베고 누워 함께 잠들어 있거나 거친 혓바닥으로 내 발등을 핥고 있었습니다. 그의 몸에서 전해지는 맥박과 체온, 부드러운 털이 내 피부에 전해지는 게 반복되면서 고양이에 대한 혐오가 점점 줄어들었습니다. 끝내 난 고양이의 친구가 되고 말았습니다. 그의 친구가 되고 보니 그때 내가 잘못했다는 걸 알게 됐습니다. 고양이를 잡으려 하지 말고 문을 열어 밖으로 나가도록 유도했다면 상처도 없이 잘 끝냈을 일을 그걸 잡아서 어떻게 해보겠다고 설쳤던 내가 바보 같다는 생각이 들었습니다. 친구가 되고 보니 그랬습니다.


# 세상에서 가장 고약한 사탄의 발 냄새

어린놈이 너무 예민했습니다. 특히 냄새와 맛에 대해 지나치게 예민한 탓에 남의 집에 김장 품앗이를 하고 온 어머니의 몸에서 나는 젓갈 냄새 때문에 며칠을 밥상머리에 올라가지 않을 때도 있었습니다. 젓갈의 비린내는 정말이지 고약한 냄새였습니다. 젓갈 중에 가장 고약한 것은 황석어젓입니다. 형체가 그대로 살아 있는 생선이 마치 똥

물에 범벅된 것처럼 보이기까지 했습니다. 썩은 것도 아니고 안 썩은 것도 아니고, 형체가 있는 것도 아니고 없는 것도 아닌, 사람도 아니고 유령도 아닌 것 같은 그것은, 보는 것도 냄새도 역겨웠습니다. 어머니가 젓갈의 근처에 갔다 왔다는 사실만으로도 엄마를 멀리했습니다. 나에게 황석어젓은 인간이 먹어서는 안 되는, 세상에서 가장 혐오스러운 음식이었습니다.

해군에 복무할 때 구축함을 탔습니다. 한 번 출동하면 최장 삼 개월여를 해상에서 보냈는데, 웬만한 태풍이 와도 구축함은 피항하지 않았습니다. 태풍이 오면 배가 심하게 요동을 쳤습니다. 그럴 때는 식사에 국물 있는 음식을 주지 않았습니다. 요동치는 배 안에서 국물 있는 음식은 쏟아질 수 있기 때문입니다. 식판 왼쪽에 밥 한 덩이, 그리고 오른쪽엔 황석어젓 한두 덩이가 태풍 오는 날 배식의 전부였습니다. 태풍에 요동치는 배 안에서 몸을 가누기도 힘든데 사탄의 발 냄새가 나는 황석어젓까지 먹어야 하는 상황, 그것은 지옥이었습니다.

태풍이 쉬이 지나가지 않고 일주일 정도 계속되는 때가 있었습니다. 보급 건빵으로 근근이 버티던 나는 도저히 참을 수가 없어 사탄의 발 냄새가 지배하는 식당에 들어가게 됐습니다. 밥을 먹어야 산다는 생각에 처음엔 코를 막고 맨밥만 먹었습니다. 하지만 맨밥도 한두 번이지, 반복되는 맨밥 식사에 구역질이 났습니다. 소금기가 있는 짠 음식을 내 몸이 간절히 원했습니다. 찔끔찔끔 젓갈의 양념을 젓가락 끝으로 찍어 먹기 시작하다가 마침내 황석어의 살을 먹는 데까지 이르렀습니다. 그런데 황석어젓을 먹고 나니 세상의 모든 젓갈류를 다

먹을 수 있게 됐습니다. 지금은 젓갈 마니아가 됐습니다. 재래시장을 가면 사든 안 사든 반드시 젓갈 시장에 들릅니다. 이젠 홍어 마니아가 됐고 두리안의 광 팬이 되었습니다. 세상에 못 먹는 음식이 없게 됐습니다.

## # 가까이하기엔 먼 동성애

시골에서 목회할 때, 간혹 도시로 나와 숙박해야 할 일이 있었습니다. 특히 늦은 밤에 강의가 끝나는 날은 첩첩산중에 있는 교회까지 장거리 운전이 힘들어 굳이 하룻밤을 자고 가야 했습니다. 지인이나 형제들이 근처에 있어도 하룻밤 묵는 게 예전처럼 편치가 않았습니다. 요즘 세태가 그렇게 됐습니다. 그럴 때는 돈을 아끼기 위해 모텔에 투숙하지 않고 찜질방에서 자는 게 여러 가지로 유익했습니다. 목욕과 찜질, 그리고 수면실에서 잠까지 잘 수 있으니 가난한 사람에겐 가성비 좋은 숙박처가 찜질방입니다.

어느 날 수면실에서 잠을 자던 중 잠결에 거친 호흡 소리가 들려왔습니다. 말로만 듣던 동성애자들의 성애를 옆에서 경험하게 된 것입니다. 혐오와 환멸의 감정이 확 밀려왔습니다. 벌떡 일어나서 이렇게 외쳤습니다.

"이 xx들 지금 뭐 하고 있어?"

찜질방을 뛰쳐나와 새벽녘에 운전대를 잡고 집으로 향했습니다. 그때의 그 느낌, 지독한 환멸과 혐오의 감정을 지금도 잊을 수 없습니다.

동성애에 대한 이슈가 사회적으로 뜨겁게 일어도 그것이 나와 직접적인 관계가 없어 별 관심이 없었습니다. 그런데 찜질방에서의 경험 때문에 동성애 문제가 내 안으로 갑자기 훅 들어왔습니다. 혐오의 감정이 너무 오랫동안 지속됐습니다. 그때의 경험 때문에 십 년이 지난 지금도 동성애에 대해 정서적으로 매우 낯설고 불결한 느낌을 지우지 못하고 있습니다.

한데 그 경험으로 내 안에 또 다른 여백이 생겼습니다. 동성애에 대한 감정이 혐오라면 그 감정과 반대되는 이성의 영역에서 동성애에 대해 성찰할 수 있는 틈이 생긴 것입니다. 내가 그것을 혐오하는 이유가 뭐지? 그들이 나에게 악을 행한 것도 아니고 사회에 범죄를 저지른 것도 아닌데 난 왜 그들에게 혐오감을 가지게 되었는지 생각해본 것입니다. 그 생각을 주머니 속의 조약돌처럼 만지작거린 세월이 십 년입니다.

기독교가 동성애를 혐오하며 죄악시하는 근거는 창조 섭리에 위배된다는 것입니다. 성경에서 동성애를 죄로 규정했기 때문에 그렇다는 것입니다. 이 문제에 대해 생각이라는 걸 하기 시작했습니다. 동성애는 레위기 20장에 나오는, 사형에 해당하는 여러 중범죄 중 하나입니다. 무당을 따르는 자는 돌로 쳐죽이라, 부모를 저주하는 자는 죽이라, 불륜을 저지르는 자는 죽이라, 생리 중인 여인과 성관계하는 자는 죽이라 합니다. 또 레위기 11장에는 먹지 말아야 할 음식을 규정하고 있습니다. 돼지, 토끼, 장어, 메기, 오징어 류는 먹지 말라 합니다. 또한 피도 먹지 말아야 합니다. 선짓국이나 순대 같은 것들은 금기 음식입니다.

그런데 우리는 위의 성경 규정을 지키며 살고 있지 않습니다. 아니 오히려 아무것도 지키지 않고 있습니다. 현대국가의 법리法理나 인권 의식으로 보면 맞지 않을 뿐만 아니라 오히려 잔인한 규정이기까지 합니다. 동성애를 죄라고 말하고 있는 기독교인들은 성경의 규정대로 돼지고기를 먹지 말아야 합니다. 그래야 그들 주장에 설득력이 있습니다. 하지만 우리는 삼겹살을 너무 좋아합니다. 장어와 오징어 같은 해산물도 좋아합니다. 선짓국과 순대도 너무 좋아하는 음식입니다. 성경에서 규정하는 금지 음식들을 다들 잘 먹고 있습니다. 성경대로 하면 이것들을 잘 먹는 기독교인과 목사들은 동성애자와 같은 류의 죄인입니다. 더군다나 무당을 따르는 자를 돌로 쳐죽이라 했는데, 무당을 따르는 정치인과 그를 지지한 목사들은 돌로 쳐죽이지도 않습니다. 간혹 불륜을 저지른 목사들도 돌로 쳐죽이지 않습니다. 하지만 그들은 자기 교회 교인들에게 동성애자에 대해서만큼은 미워하고 혐오하도록 가르칩니다.

같은 성경 같은 장에 기록된 내용인데 이건 되고 저건 안 된다고 말합니다. 동성애는 창조 섭리에 위배된다 말하면서 유전자 조작 식품은 창조 섭리에 위배된다고 말하지 않습니다. 줄기세포 주사를 맞는 목사들에게 창조 섭리에 위배되는 행위를 왜 하는지 따져 묻지 않습니다.

우리는 특정 사안만을 선택하여 죄악시하며 혐오합니다. 우리가 혐오하는 그 대상에 대한 감정과 태도가 항상 옳은지 따져 묻지 않습니다. 내가 옳다고 믿고 따르는 이것, 그리고 누군가 옳지 않다고 믿고 혐오하는 그것은 어디에서 왔는지 따져 묻지 않습니다. 그것이 나만의 고유한 생각처럼 보이지만 그렇지 않습니다. 내가 속한 집단에서 만들어서 내 안에 배양한 하나의 바이러스일 뿐입니다. 그 바이러스가 내 생각과 내 감정을 지배하고 있는 것입니다. 그러면 나는 나일까, 바이러스일까?

예수님은 신과 인간의 경계를 허물었습니다. 하나님이 인간이 되었다는 것은 잔혹하고 살벌한 구약의 조문들을 넘어 인간을 향한 따뜻한 이해와 관용으로 하나님이 태도를 바꾸었다는 뜻입니다. 예수님은 경계를 허무는 힘을 '사랑'이라고 가르쳤습니다. 그리고 그 사랑을 몸소 보여주었습니다. 유대교가 가지고 있는 무서운 힘은 율법에 있고, 기독교가 가지고 있는 위대한 힘은 경계를 허무는 데 있습니다.

나는 여전히 동성애에 대해 정서적으로 가까이하지 못하고 있습니다. 많은 시간이 흘렀는데도 불쾌한 느낌을 지우지 못하고 있습니다. 하지만 그 감정이 그들을 죄인이라고 말할 근거는 못 됩니다. 그리고 그들이 죄인이라고 말하기 위해서는 모세의 율법 가운데 있는 수많은 규정을 먼저 다 따라야 합니다. 그게 안 되면 차라리 침묵하는 것이 미덕입니다.

# 그대의
# 이름은

스리랑카에서 홈스테이한 적이 있습니다. 내가 머문 집은 '니샨'이라는 건강한 청년의 가정입니다. 그는 한국의 수원에서 5년짜리 취업 비자를 받아 두 번에 걸쳐 10년 동안 노동자로 일했다고 합니다. 그동안 번 돈으로 부모님에게 집을 지어주고 형의 집을 짓는 데 도움을 주었다고 합니다. 동생에게는 영업용 버스를 사주었다고 자랑합니다. 10년 동안 한국에서 노동으로 그 많은 일을 할 수 있었던 것은 스리랑카의 환율이 낮기 때문이기도 했지만, 가족과 형제를 위하는 니샨의 헌신적인 마음이 없이는 안 되는 일이었습니다. 그는 자신이 부모와 형제를 얼마나 사랑하는지, 그들을 위해 자신이 헌신한 일이 얼마나 보람 있는 일이었는지 늦은 밤까지 자랑하였습니다.

서른세 살인 니샨은 스리랑카에서 알아주는 운동선수였습니다. 400미터 달리기 선수였으며 유수 대회에서 상을 휩쓸 만큼 주목받는 크리켓cricket 선수였습니다. 그는 오후에 마을 학교 운동장에 나를 데리고 나가 자기의 크리켓 플레이를 보여주었습니다. 학교 운동장에는 동네 청년들과 아이들이 왁자하게 모여 크리켓과 배구 같은 운동을 하며 시간을 보내고 있었습니다. 우리도 80년대까지만 해도 이런 풍성한 놀이문화가 있었다는 걸 회상하니 지금의 TV와 스마트폰 문화가 우리의 공동체 놀이와 정신을 얼마나 파괴하였는지, 뼈아프게 느꼈습니다.

다음 날 아침 그는 또 크리켓 경기를 하러 갔습니다. 이 지역에 중앙정부가 주최하는 꽤 큰 크리켓 경기가 있어 니샨이 빠지면 안 된다고 했습니다. 그는 경기에 나가 또 승리했습니다. 먼지가 날리는 운동장에서 그는 맨발로 공을 치고 전사처럼 달려나갔습니다. 그의 플레이를 보면서 생각했습니다. 니샨은 초원을 달리는 사냥꾼과 전사의 심장을 가졌다고. 그는 매우 건강한 몸과 정신을 가진 한 나라와 한 가정의 전사입니다. 그런데 우리는 그에게 '외노자(외국인 노동자)'라는 불순한 이름을 붙여주었습니다.

우리의 의도와는 무관하게 어떤 이름에는 자기와 자기 세력을 주체로 하여 비주체를 타자화하는 경향이 있습니다. 병자호란 뒤에 청나라에 잡혀갔다 정절을 잃고 돌아온 여인들에게 '환향녀還鄕女'라는 그럴듯한 이름을 붙여줬지만 그것이 성적 방종과 타락에 빠진 여자의 대명사로 사용된 것처럼 말입니다. '외노자'라는 이름에도 이렇게 비겁한 암시가 숨어있습니다. 이런 이름짓기(naming)를 통해 우리는 자기 우월감을 획득하려 합니다.

그 과정에서 타자화된 비주체들은 자기 정체성과 개성이 모두 뭉개지고 증발되어버립니다. 그래서 외노자들은 피부가 검고 가난한 3세계 인종, 저급한 3세계 언어 때문에 말이 통하지 않는 열등한 사람들이라는 이미지를 강제당합니다. 그들의 나라, 그들의 가정에서 그들은 얼마나 당당하고 건강한 사람인가에 대해서 우리는 알려고 하지도 않고 알 필요도 없어 합니다. 그들은 우리에게 그냥 값싼 노동력일 뿐입니다.

나는 그들의 나라 스리랑카에서 보았습니다. 젊은 말처럼 휘달리는 들판과 용맹스러운 전사의 심장을 가진 그의 육체를, 그리고 그가 사용하는 싱할라어가 저급한 언어가 아니라 물처럼 자유롭게 대지를 적시는 건강한 강물 같은 언어라는 것을 알게 되었습니다.

나는 한국에 돌아와 외노자라는 이름을 다시 듣게 됩니다. 그 이름은 나의 의지와 무관하게 내 정신의 표피를 또다시 물들입니다. 인천공항에서부터 사열하는 군대의 졸병처럼 목에 이름과 출신지를 걸고 노동부 하급 공무원의 꽁무니를 따라다니는 우스꽝스러운 외노자의 무리를 보게 됩니다. 그러면 나는 나도 모르게 '그대의 이름은 외노자'라고 뇌까리게 됩니다. 내가 속한 집단의 논리가 내 의지와 무관하게 나를 경박한 언어로 포획하는 것입니다.

가끔은 내가 사용하고 있는 언어 밖으로 나가야 합니다. 타인의 언어 속으로 들어갈 때 비로소 내가 보입니다. 그래서 가끔은 목사들도 이웃 종교의 경전으로 여행을 떠나야 합니다.

# 인간은 우주의
# 미생물이다

미생물微生物에 대한 정의는 인간의 시각으로 볼 수 없는 작고 미세한 생물들, 곧 세균을 의미합니다. 너무 작아서 현미경으로밖에 볼 수 없는 것들이라서 지구 생명체 총량의 60퍼센트를 차지하고 있음에도 우리는 그들의 존재에 대해 잘 알지 못합니다. 사람의 장腸에 있는 소화 내용물 1그램 안에 지구 전체 인구 60억 명보다 많은 120억~500억 마리의 미생물이 살고 있습니다. 성인 한 사람이 가지고 있는 세포 수가 대략 60조 개인데 반해 사람의 대장大腸에 존재하는 미생물은 120조~500조 마리입니다. 사람의 몸은 세포들의 조합이 아니라 미생물들의 제국인 셈입니다. 지구의 주인은 인간이 아니라 사실은 미생물입니다.

우주의 크기를 가늠해보면 사람 역시 미생물에 불과합니다. 지구로부터 멀어져간 우주선 보이저호의 카메라를 지구 방향으로 돌려 사진을 찍었을 때, 우리의 지구가 '창백한 푸른 점'에 불과하다는 사실을 객관적으로 인식할 수 있었습니다. 칼 세이건Carl Sagan에 의해 그 사실을 깨닫기 전까지 우리는 그냥 인간과 우주를 추상적으로 상상할 뿐이었습니다. 비로소 우리는 우리의 행성이 우주의 먼지에 불과하며, 인간은 그 먼지에 기생하는 미생물에 불과하다는 사실을 확인하였습니다.

미생물에는 음식물을 변질시키고 부패케 하여 다양한 질병을 일으키는 세균들도 있고 인체에 좋은 유산균류도 있습니다. 미생물의 제국도 결국 대결을 통해 살아남는 자들의 제국입니다. 사람의 몸은 세포 수보다 많은 미생물의 대 격전장입니다. 좋은 미생물들이 많으면 건강하고 그렇지 않으면 질병에 걸리게 됩니다. 미생물에 관한 책을 몇 권 보면서 대장의 미생물이 정신병의 원인이 된다는 사실도 알게 되었습니다. 바이러스는 스스로 생식할 수 없는 균이라서 타자의 몸을 숙주로 하여 번식하면서 그 숙주의 생명 체계를 교란하거나 파괴합니다. 독감이나 코로나바이러스 같은 것들이 그에 해당합니다. 스스로 일해서 먹고살지 않고 타인의 것을 훔치거나 사기 쳐서 먹고사는 인간 같은 게 바이러스입니다.

김치를 담그는 것은 우리 몸에 좋은 유산균을 배양하는 일입니다. 나는 가끔 김치를 담급니다. 교인들의 삶에 깊숙이 들어갈 수 없는 도시 교회에서 내가 할 수 있는 일은 몸에 좋은 유산균을 집집마다 나누어주는 것입니다. 맞벌이로 바빠 김치 한 번 제대로 담가 먹을 수 없는 게 우리 교인들의 현실입니다. 내가 이들에게 전할 수 있는 복음의 방식이 유산균을 배양하여 나누는 일입니다.

몇 번의 실험 결과 우리 교인들이 두 가지 맛을 좋아한다는 걸 알았습니다. 기초 재료는 같되 찹쌀풀과 고춧가루를 첨가했을 때 깊고 시원한 맛이 나는 일명 '콜라 맛 물김치', 생수에 소금 간만 하여 깔끔하고 시원한 '사이다 맛 물김치'가 그것입니다. 1리터짜리 일회용 용기에 담아 집집마다, 직장마다 좋은 유산균을 배달합니다. 그리고 나도 그들에게 좋은 유산균이 되기를 소망합니다.

내가 우리 교인들에게 유산균처럼 살아가는 일은 우주의 미생물로 살아가며 하나님 나라를 건설하는 일입니다. 하나님 나라는 어쩌면 이 땅에 좋은 미생물을 번식시키며 숙성되는 과정이 아닐까, 상상해 봅니다.

절대자가 보기에 우리는 그냥 미생물들입니다. 하나님 나라를 건설하는 유산균이 될지 아니면 이 세계를 파괴하고 질병을 일으키는 세균이 될지는 우리의 선택에 달려 있습니다. 세균은 유전자의 고유한 정체성을 가지고 있지 않고 그때그때 자신의 정체성을 달리하는 것들이 많습니다. 나쁜 놈이 될 것인가, 좋은 놈이 될 것인가는 선택의 문제입니다. 종교인이 될 것인가 신앙인이 될 것인가도 선택의 문제입니다. 신앙인이 되는 것은 좋은 미생물이 되는 것입니다. 하지만 지금은 미생물들이 바이러스의 공세에 밀려 심각하게 병들어 있습니다.

# 꿈꾸는 자가
# 오는도다

"(저기) 꿈꾸는 자가 오는도다."

'꿈꾸는 자'라는 말은 비아냥과 조롱이었습니다. 요셉은 미움받는 자였습니다. 요셉이 미움받은 이유는 꿈을 꾸었기 때문이 아니라, 형들과 다른 꿈을 꾸었기 때문입니다. 그의 꿈은 세계와 우주적 감성으로 충만해 있었고 삶과 존재의 예지를 풍성하게 담고 있었습니다. 그의 꿈은 다른 형제들이 꾸는 일상적이고 상투적인 꿈이 아니었습니다. 요셉의 꿈은 그를 통한 하나님의 비전이었으며 역사와 존재가 역동하는 실존의 지평이었습니다. 요셉은 남다른 영적 감수성을 지닌 소년이었습니다. 그의 영적 감수성은 꿈을 통해 역사와 삶의 비전을 예지했습니다. 다른 형제들에겐 이 특별한 영적 감수성이 없었습니다.

안타깝게도 세상을 일찍 떠난 이신李信 박사는 요셉처럼 영적 감수성이 예민한 지식인이었습니다. 영적 감수성이 예민한 사람은 보통 사람이 갖지 못한 또 다른 눈을 가지고 있습니다. 그는 메를로 퐁티Maurice Merleau Pnty의 말을 빌어 세계와 역사의 비전과 비밀을 보는, 이러한 눈을 '제3의 눈'이라고 말합니다. 그렇습니다, 요셉의 꿈은 프로이트의 말처럼 단순한 무의식의 발현이 아니었습니다. '이 세상에 이미 드러나서 누구든 볼 수 있는 현상 속의 진리(open secret)를 볼 수 있는 새로운 인식의 창이었습니다. 그런데 보편적인 세계관과 인식의 범주를 넘어 세계를 보고자 하는 사람은 늘 고독합니다. 이신 박사는 이러한 사람을 키르케고르의 말을 빌어 '단독자'라 말합니다. 자신을 시대와 불화하고 저항했던 단독자로 인식했던 것입니다. 그는 제3의 눈을 가진 학자였으며 목사였던 것입니다.

그가 마흔다섯에 쓴 박사 논문 「전위 묵시문학 현상」은 이러한 단독자의 초상을 잘 보여줍니다. 이신의 신학은 불의한 시대, 타락한 기독교를 향한 저항 의지로부터 출발합니다. 그는 묵시문학의 전위성을 배타적 민족주의로 보지 않고 비인격적이고 폭력적인 체제에 대한 저항의 산물로 봅니다. 기독교라는 기성 종교의 도그마를 통해 시대를 본 것이 아니라, 시대를 통해 성경의 가르침을 전복적으로 본 것입니다. 나아가 그는 기독교를 저항정신의 산물로 봅니다. 그래서 그는 논문의 첫 문장을 에른스트 케제만Ernst Käsemann의 'The Beginning of christian theology'의 한 구절로부터 시작합니다. '묵시문학은 모든 기독교 신학의 모체였다.'

기독교는 저항정신으로부터 출발한 종교이고, 기독교 신학은 저항정신의 산물인 묵시문학을 모체로 했다고 그는 서두에서부터 대범하게 선포합니다. 자신이 속한 기독교에 대한 비판적 인식은 형들과 다른 꿈을 꾼 요셉처럼 고독한 단독자로 서게 했습니다. 이신은 자신의 이러한 상태를 토인비의 말을 빌어 역사 속에서 하나님을 대면한 '창조적 소수'에 빗대어 말합니다. 기독교는 창조적 소수에 의해 기성 체제의 부조리가 발각되고, 예언자적 사명을 가진 급진적 사상가들에 의해 고발되며, 저항하는 하나님의 사람들에 의해 생명이 유지되고 발전되어왔다고 말합니다.

김지하가 김수영의 시를 인용해 '풍자가 아니면 자살이다'라고 했을 때, 그가 말한 '풍자'는 불의한 현실에 대한 저항의 메타포였습니다. 이신 박사가 비인간화된 산업사회와 타락한 기독교에 대한 부정과 저항 의지로 묵시문학과 초현실주의를 주목한 것 역시 이와 같은 풍자성 때문입니다. 일신의 영달을 위해 월급쟁이 신학교 교수로 살아가거나 진실에 침묵하며 교회를 상업적으로 성장시키기에 바쁜 목사들같이 그는 진실 앞에서 자살을 선택하지 않았습니다. 진실을 보는 눈을 찔러 애꾸의 시선으로 편협하게 세상을 바라보거나 현실 앞에 비굴하게 굴종하지 않았습니다. 그래서 그는 감리교 목사였음에도 과감하게 그리스도의 교회로 전향합니다. 그곳을 통해 기독교를 환원시킬 수 있다는 강한 열망 때문이었습니다. 그는 시대와 상황을 명철하게 분석하는 지식인의 통찰력과 예언자적 사명감에 불타는 사람이었습니다. 창조적 소수만이 가지고 있는, 현상 너머를 보는 눈, 꿰뚫어보는 지혜, 본질을 향한 갈급함이 그의 정신 안에 충만해 있습니다. 그래서 그는 현대문명의 비인격성과 파괴적 속성을 넘어 인격화된 그리스도인으로 나아가기 위해 성령聖靈을 받아야 한다고 말합니다. 그가 말하는 성령은 초월적 신비주의나 광신적 행태를 통해 경험하는 카타

르시스가 아니라 실존적으로 만나는 인격적인 하나님의 영입니다. 인간의 실존을 떠나 비인격적으로 만나는 성령은 거짓이고 가짜라는 것입니다. 성령은 교리로 가르쳐서 아는 게 아니라 깨달음으로서 인격적으로 소통하는, '깨달음의 영'이라고 말합니다. 즉자적으로 깨달아 알 수 있는 내적 힘, 그 성령은 선禪의 비전이기도 합니다.

그 성령은 현실을 억압하고 구속하는 사회적 악덕과 종교(기독교)의 병폐를 갱신하기 위해 초현실적 상상을 요구합니다. 논리적이고 질서정연하며 차가운 기계적 시스템에서 인격과 생명을 회복시키기 위해 상상력을 복원해야 한다고 주장합니다. 상상력이 부패하게 될 때, 우리는 이기심과 경쟁심, 폭력과 착취 같은 더러운 상상으로 세계를 파괴하며 스스로 죽어가게 됩니다. 그는 이렇게 말합니다.

"인간에게 있어서 치명적인 병은 마르크시스트들이 말하는 것처럼 부르주아들의 '착취'도 아니고, 자본주의자들이 생각하는 것처럼 '가난'도 아니며, 실존주의자들이 생각하는 것처럼 '절망'도 아니다. 인간에게 '죽음에 이르는 병'은 상상력의 부패다."

그는 부패한 사회와 타락한 종교(기독교)에 맞서 정치적인 싸움을 하라고 선동하지는 않습니다. 다만 생명을 잃어버린 기독교가 복원되기 위해서는 이 세계와 성경 안에서 초월자를 인격적이고 실존적으로 만나야 한다고 말합니다. 그것은 묵시문학과 초월주의, 그리고 카리스마적인 성령 체험 등을 통해 가능하다고 주장합니다. 묵시문학자들의 환상 체험은 사적인 경험이 아니라 타락하고 불의한 시대에 대한 저항의 메타포였기 때문입니다. 그는 "(환상은) 마치 안으로 열린 창문처럼 우주 구조의 궁극적인 심연과 인간 실존의 궁극적인 현실을 드러낸다"고 얘기합니다. 훼손되지 않은, 인간과 세계의 원형으로서의 메시아 왕국에 대한 열망은 오염된 현시대에 저항으로 나타나는데, 그것은 초월적 신비가 아니라 실존적이고 역사적인 대안 상상입니다.

그는 성령과 초월주의를 통해 새로운 차원을 열어야 한다고 주장합니다. 관념과 추상, 몽환과 초월적 신비주의가 난무했던 개신교회의 성령주의가 왜 잘못됐는지, 차가운 합리주의와 아카데미즘이 어떻게 종교의 역동성을 빼앗아갔는지 그는 놀라운 통찰력으로 신학과 철학, 예술을 넘나들며 조목조목 짚어나갑니다. 그는 이론에 멈추지 않고 무능하고 타락한 기독교를 환원시키기 위한 일에 적극 뛰어듭니다. 지금이야 명맥이 거의 사라져버린 교단이지만, 그는 그리스도의 교회를 통해 그것을 실천하려 했던 창조적 소수였던 것입니다. '꿈꾸는 자 요셉'에서 '혁명가 모세'로 그의 삶이 전환된 것입니다. 비록 그의 생애는 짧았지만, 시대를 앞서간 한 사람의 신학자와 목사로서 이만하면 참 멋진 삶을 살았지, 싶습니다.

그는 꿈을 꾸었습니다. 꿈꾸는 자의 생은 길지 않습니다. 짧은 생애 동안 미움받고 고독하며 번뇌했습니다. 그게 제3의 눈을 가진 사람들의 운명입니다. 세속적으로 보면 불행한 삶을 살아야 할 운명입니다. 그런데도 꿈꾸는 자는 계속 나올 것입니다. 시대가 불의不義하고 인간성이 메마를수록 꿈꾸는 자는 계속 나올 것입니다. 사람들이 '저기 꿈꾸는 자가 오는도다'라고 조롱의 눈빛을 던지더라도 꿈꾸기를 멈추지 않을 것입니다. 그것이 성령이 인간 안에 역사하는 방식입니다.